J'AI PERDU MA MONTRE AU FOND DU LAC

Les Éditions Transcontinental
1100, boul. René-Lévesque Ouest, 24ᵉ étage
Montréal (Québec) H3B 4X9
Téléphone : 514 392-9000 ou 1 800 361-5479
www.livres.transcontinental.ca

Pour connaître nos autres titres, consultez le **www.livres.transcontinental.ca.**
Pour bénéficier de nos tarifs spéciaux s'appliquant aux bibliothèques d'entreprise
ou aux achats en gros, informez-vous au **1 866 800-2500.**

**Catalogage avant publication de Bibliothèque et Archives nationales du Québec et
Bibliothèque et Archives Canada**

Tremblay, Rémi
J'ai perdu ma montre au fond du lac : retrouver la tranquillité pour mieux gérer, mieux vivre

ISBN 978-2-89472-425-5

1. Chefs d'entreprise - Psychologie. 2. Tranquillité d'esprit. I. Bérard, Diane, 1962-   .
II. Titre.

HD38.2.T73 2009   658.4001'9   C2009-942209-3

Révision : Martin Benoit
Correction : Diane Grégoire
Photos de Rémi Tremblay et de Diane Bérard : Paul Labelle photographe, 2009
Mise en pages : Diane Marquette, Les Éditions Transcontinental
Conception graphique de la couverture : Charles DesGroseilliers
Impression : Transcontinental Gagné

Imprimé au Canada
© Les Éditions Transcontinental, 2009
Dépôt légal – Bibliothèque et Archives nationales du Québec, 4ᵉ trimestre 2009
Bibliothèque et Archives Canada

Nous reconnaissons, pour nos activités d'édition, l'aide financière du gouvernement du Canada par l'entremise du
Programme d'aide au développement de l'industrie de l'édition (PADIÉ). Nous remercions également la SODEC
de son appui financier (programmes Aide à l'édition et Aide à la promotion).

Les Éditions Transcontinental sont membres de l'Association nationale des éditeurs
de livres (ANEL).

Rémi Tremblay
avec Diane Bérard

J'AI PERDU MA MONTRE AU FOND DU LAC

Les Éditions
Transcontinental

À la vie, qui nous invite
à danser avec elle

Table des matières

Les eaux troubles.. 9

① **Le courage** 27

② **L'humilité** 89

③ **L'amour**... 137

Les eaux limpides... 179

Les eaux troubles

J'ai les deux pieds dans une mer d'eau douce, sous un soleil de plomb. Nous sommes dans le grand lac Saint-Jean, un jour de canicule. Nous sommes venus passer la journée à la plage du camping de Saint-Gédéon. Éric, mon meilleur ami, ainsi que nos familles sont de la partie : mes filleules, en costume de bain rose, et mes trois gars, qui ne se séparent jamais de leurs éternelles casquettes, même dans l'eau. Du sable, des vagues, de l'eau à perte de vue – de l'eau douce il va sans dire. Pas d'yeux qui piquent, pas de sel dans le nez, pas de méduses : c'est le bonheur.

En cette journée aux relents de paradis, on se lance le frisbee, on trace des chemins dans le sable, on s'enfile des Mr. Freeze de toutes les couleurs, et on fait des concours de matelas pneumatique. Deux par deux, assis face à face, c'est à qui restera le plus longtemps sans tomber dans le lac. On est bien ensemble, autant dans le rire que dans le silence. La vie est douce.

Puis arrive mon tour de monter sur le matelas avec Samuel, mon plus vieux. Le jeu commence. Règle numéro 1 : on ne peut pousser l'autre ; simplement bouger le matelas dans le but de le déstabiliser. Mais j'exagère tellement le mouvement que je me renverse presque moi-même ! On rit. On prend des bouillons. Les enfants encouragent Samuel ; Éric est mon seul supporteur. Puis, tout à coup, je sens le bracelet de ma montre se détacher de mon poignet. Je n'arrive pas à le retenir. Tout se passe tellement vite. Personne ne remarque quoi que ce soit. Tout le monde continue à chahuter. Samuel redouble d'ardeur pour me faire

9

tomber à l'eau… Je hurle : « Wôôô ! J'ai perdu ma montre. Stop ! tout le monde, ce n'est plus drôle. Maudit ! J'aurais tellement dû la laisser dans l'auto.

– Ne panique pas, papa, on va la retrouver. Ce n'est pas creux.

– Vite, merde ! C'est la montre de grand-papa… Avant de me l'offrir, il me l'a même fait graver.

– T'inquiète pas, papa, on va la retrouver, ta montre.

– Hé ! la gang, venez nous aider ! »

On descend alors du matelas. Je m'agite et plonge dans l'eau pour ratisser le fond. Je suis de plus en plus nerveux et impatient. Puis tout le monde me rejoint dans le lac pour participer aux recherches, tandis que l'eau se brouille rapidement sous l'agitation des vagues provoquées par notre opération, à tel point que nous ne voyons plus rien. Je suis alors plus énervé que jamais et, bien sûr, j'énerve tout le monde. Tandis qu'au contraire, les enfants recommencent à rire en poursuivant les recherches. Or, pour ma part, j'ai la mèche de plus en plus courte : je n'entends plus à rire.

En effet, plus on s'agite, plus j'ai le sentiment que nous sommes en train de repousser nos chances de retrouver ma montre. Éric propose alors que nous fassions une battue : on se prend tous par la main et on marche vers la plage en espérant qu'un de nos pieds frôlera ladite montre. Nous faisons deux allers-retours de la sorte, mais en vain : plusieurs roches, des bouts de bois, mais toujours pas de montre. L'échec est tel que les enfants, tout exaspérés et impuissants, m'offrent de m'en acheter une autre.

Mais on essaie quand même une autre fois en resserrant le rang et en marchant très lentement. Puis eurêka ! Après une demi-heure de recherches, voilà qu'un pied l'extirpe du sable en grattant le fond. Dieu merci !

Je suis soudainement brûlé, et les enfants sont à bout de nerfs. Le party est fini. J'ai tellement stressé tout le monde que plus personne n'a envie de s'amuser. Ainsi, tout le monde sort de l'eau.

Je rapporte la montre de mon grand-père dans la boîte à gants de l'auto.

Que d'énergie pour une maudite montre !

Pendant des années, j'ai été comme ce baigneur. C'est-à-dire un patron parfois un peu prompt, qui convoque une réunion du comité marketing dès qu'il découvre la nouvelle campagne publicitaire féroce d'un concurrent, au lieu de garder le cap sur la stratégie de sa boîte. Un patron qui souffle la réponse à son représentant… pendant que celui-ci parle à un client, au lieu d'attendre que ce représentant raccroche pour lui parler. Un patron qui, tout juste après avoir pris connaissance du rendement de l'entreprise, essuyant une baisse de 3 % par rapport au même mois de l'année précédente, fait d'emblée la liste des coupes budgétaires envisageables, au lieu de se demander comment augmenter le chiffre d'affaires à long terme. Un patron mobilisateur qui, devant les problèmes, plonge dans l'eau sans trop réfléchir, en vue de trouver des solutions.

Avec le recul, je réalise qu'il existe une autre voie à suivre dans de telles circonstances. En effet, j'ai découvert que, dans une situation tendue ou agitée, je peux également **choisir de ne rien faire.** Je peux choisir de me payer un moment de tranquillité pour laisser le sable retomber et permettre à l'eau de s'éclaircir. J'ai en effet le choix d'attendre que l'eau redevienne limpide et de profiter d'un rayon de soleil afin de laisser ma montre réapparaître, pour ensuite me pencher et la ramasser tranquillement. Bref, il m'est possible d'aboutir au même résultat sans perdre les pédales, sans crier au loup, sans créer d'émoi, donc sans mobiliser une foule à la manière d'une poule pas de tête.

Cette « deuxième voie » n'est possible que si on reste calme, que si on ne se précipite pas dans l'action. Elle exige qu'on puisse ralentir et s'arrêter. En effet, **lorsqu'on s'arrête, on voit alors les choses devant soi.** Généralement, lorsqu'on se « dépose », la solution s'impose. Il n'y a jamais deux meilleures solutions à un problème. La tranquillité me permet justement de distinguer la meilleure des deux, tandis que l'agitation me brouille l'esprit et la vue.

Je suis convaincu qu'on s'agite trop dans la vie. Je pense qu'on pourrait souvent en faire moins. On pourrait souvent éviter de mobiliser l'énergie des autres si on était plus tranquille. En effet, être tranquille me permet de devenir plus serein, plus heureux et, probablement, en bonne santé plus longtemps. Dès lors, notre propre tranquillité favorise celle des autres et, par conséquent, nous rend d'autant plus utiles aux autres, sinon indispensables.

Donc, ralentir. Se déposer. Prendre du recul. Respirer. Aspirer à un plus grand degré de tranquillité. C'est du moins la voie que nous vous invitons à suivre dans ce livre. Mais, comme l'anecdote de la montre le laisse entendre, les pages suivantes nécessiteront de votre part un moment de *ralentissement* ainsi qu'un mouvement intérieur pour descendre en vous-même et éveiller votre conscience.

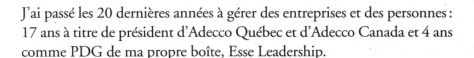

J'ai passé les 20 dernières années à gérer des entreprises et des personnes : 17 ans à titre de président d'Adecco Québec et d'Adecco Canada et 4 ans comme PDG de ma propre boîte, Esse Leadership.

Esse signifie « être » en latin. J'ai donné ce nom à mon entreprise, car je crois en l'importance d'être le leader que l'on est en notre for intérieur. Dire « Je suis le leader que je suis », c'est assumer sa singularité – après tout, je suis moi et pas un autre – et agir en cohérence avec tous les aspects de sa personne. En bon français : s'assurer que les bottines suivent les babines.

Il y a cinq ans, une vague de scandales financiers (Enron, WorldCom, Parmalat, Cinar) ont fait les manchettes. On a même pensé qu'au sein de ma propre organisation, au siège social mondial d'Adecco, un scandale était en train de naître. Ce sentiment m'a amené à écrire le livre *Les fous du roi* en moins de deux semaines, en février 2004.

Dans ce livre, je traitais principalement de la tyrannie des actionnaires et de ses malheureux effets, particulièrement la recherche de rendement à court terme. J'y dénonçais les conséquences désastreuses de cette tyrannie sur le comportement des patrons, devenus les « fous » du « roi actionnaire ». Prêts à tout pour servir leur souverain, et très nettement déterminés à se servir eux-mêmes.

Lorsque j'ai écrit *Les fous du roi,* j'avais pour leitmotiv « Assez, c'est assez ! » Puisque j'étais le président d'une filiale de ce groupe mondial coté en Bourse, donc soumis à cette tyrannie, je me devais de soulager ma souffrance. Avec le recul, je me sens très à l'aise d'affirmer que l'effritement de sens au sein de mon entreprise a été à l'origine de ce livre. Plus précisément, la croissance à tout prix et la vision à court terme avaient mis de côté toute recherche de sens, voire banni toute action ou décision investie de certaines valeurs.

Écrire *Les fous du roi* m'a amené à un constat important : je souffrais davantage que je ne le pensais. J'étais envahi par le sentiment d'être en harmonie avec mes équipes et mes clients, mais de plus en plus en rupture avec les valeurs du groupe mondial Adecco. Dans notre filiale, nous étions en train de créer une entreprise au service de la vie et des personnes, et ce, avec une vision à long terme : une entreprise mettant à profit l'intelligence de nos équipes dans une dynamique de partage du pouvoir – et il était clair chaque jour que les succès financiers suivaient. Aussi, nous étions convaincus qu'il fallait remettre en cause nos organisations mécaniques, froides, inanimées, pour privilégier des structures et modes d'opération qui soient constamment en mouvement, voire en évolution.

Le groupe mondial Adecco est par essence une organisation mécanique. Je me trouvais donc constamment en porte-à-faux entre ma filiale, que j'essayais d'animer et où il y avait un sens, et le siège social, pour lequel je n'étais qu'un instrument servant à produire de la valeur au profit de l'actionnaire.

Or, les crises financières du milieu des années 2000 sont venues confirmer jusqu'où cette vision folle du profit à tout prix pouvait nous conduire : nous éloigner de nous-mêmes au point de nous égarer, et ce, au nom du roi actionnaire.

Ce premier livre s'est avéré une sorte de time out. Il nous fallait prendre conscience que nous sommes tous responsables de ces scandales, des crises économiques, de ce chaos dans les entreprises. Il nous fallait reconnaître que ce sont nos crises intérieures, tout particulièrement celles des leaders, qui engendrent les crises extérieures. Bref, j'étais en crise, mais aussi en crisse contre l'effritement de l'intelligence au sein de nos organisations où, ma foi, on ne prend plus le temps de réfléchir avant d'agir, donc de penser aux conséquences de nos gestes. De plus, on ne prend plus en considération l'opinion des autres. Par exemple, on licencie quelqu'un sous le coup de l'émotion, sans demander l'opinion de l'équipe ni penser aux répercussions sur la clientèle.

J'étais également en crisse contre moi-même de n'avoir pas assez dit assez fort ce que je pensais ou plutôt ce que j'observais. Par exemple, la méfiance qui s'installait au siège social et entre les vice-présidents internationaux d'Adecco. C'est que les relations étaient devenues beaucoup moins authentiques et nettement plus politiques ; une certaine loi du silence s'était installée. Or, dans un tel contexte, le climat de confiance s'est naturellement effrité.

J'ai donc ressenti le besoin de le dire, voire de le hurler dans un livre. A priori, je l'ai fait pour moi, d'autant que l'acte d'écrire a des vertus thérapeutiques. Mais j'avais aussi envie que nos organisations se réinventent et que les leaders se sentent moins seuls. Et c'est ce qui est arrivé. Après la parution de cet ouvrage, des leaders m'ont téléphoné. Je les ai écoutés. Nous avons commencé à nous réunir pour échanger et chercher comment vivre autrement en entreprise. C'est alors que, petit à petit, j'ai pris conscience de ma mission. Ce n'était peut-être plus de gérer une compagnie comme Adecco, mais bien de m'engager, avec d'autres leaders, dans une démarche visant à devenir un meilleur être humain, un meilleur patron, de manière à ce que nous puissions tous nous réinventer et cesser d'engendrer des crises.

Après la publication des *Fous du roi*, j'étais encore le patron d'Adecco Canada ; je le suis demeuré pendant 10 mois. Et c'est à ce moment, alors que les leaders étaient de plus en plus nombreux à se confier à moi, que j'ai dû faire un choix. Curieusement, la vie me ramenait sans cesse à La Maison des leaders, une filiale que j'avais créée alors que je dirigeais Adecco Québec. La Maison des leaders était un lieu d'échange et de rencontre où les chefs d'entreprise se retrouvaient ensemble pour se confier et s'entraider. Or, j'ai choisi de recréer ce modèle avec Esse Leadership. Dans le cadre de cette association, j'anime les séances d'une dizaine de groupes de gestionnaires qui se rencontrent régulièrement pour explorer, ensemble, des façons d'être plus tranquilles. Ces gestionnaires sont issus des secteurs public, parapublic, privé et culturel.

En marge de ces rencontres de groupe, je mets à la disposition des dirigeants d'entreprise une cellule de crise, soit une sorte de « 911 patron ». Ainsi, sur une base individuelle, je réponds aux appels de détresse de leaders en crise ou simplement en questionnement. J'accompagne aussi certaines organisations dans leurs démarches ponctuelles, telles que la sélection ou l'animation d'ateliers sur les valeurs qui les animent. Je travaille essentiellement avec des comités de direction qui cherchent à se réinventer.

Je me suis donc mis davantage au service de patrons qui étaient de plus en plus nombreux à me solliciter.

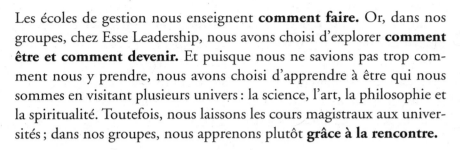

Les écoles de gestion nous enseignent **comment faire.** Or, dans nos groupes, chez Esse Leadership, nous avons choisi d'explorer **comment être et comment devenir.** Et puisque nous ne savions pas trop comment nous y prendre, nous avons choisi d'apprendre à être qui nous sommes en visitant plusieurs univers : la science, l'art, la philosophie et la spiritualité. Toutefois, nous laissons les cours magistraux aux universités ; dans nos groupes, nous apprenons plutôt **grâce à la rencontre.**

Par exemple, nous entrons en contact avec nous-mêmes par l'entremise de la peinture, entre autres. Ainsi, les œuvres que nous observons et celles que nous créons nous aident tous à nous connaître un peu mieux en tant qu'êtres humains et leaders. Aussi, on arrive à se connaître un peu plus soi-même en allant à la rencontre de l'autre.

Dans nos groupes, un premier participant a confié, après avoir été félicité pour un récent succès de son entreprise : « Je vous remercie, mais j'aimerais vous dire combien j'ai de la difficulté à recevoir vos félicitations. J'ai en effet le sentiment d'être un imposteur. Comme si les résultats que j'engendrais étaient en grande partie attribuables à la chance plutôt qu'à mes compétences, et qu'un jour quelqu'un s'en rendrait compte. » Puis il a ajouté : « Je ne suis pas sûr d'être à la hauteur. »

Spontanément, plus de la moitié des participants à cet atelier ont reconnu ressentir, ou avoir déjà ressenti, ce même sentiment d'imposture.

Ainsi, conformément à ce dernier exemple, chaque leader participant aux formations d'Esse Leadership va à la rencontre de lui-même, de ce qu'il est, et ce, également par l'intermédiaire de ses échanges avec certains invités spéciaux qui se joignent à nos groupes pendant quelques heures. Par exemple, nos groupes ont reçu Harold Rhéaume, chorégraphe en danse contemporaine et fondateur de la compagnie Le fils d'Adrien danse, de Québec.

Le témoignage de ce chorégraphe nous a appris qu'il est possible de **co-créer,** à savoir que nous pouvons réfléchir *avec* nos employés à la façon dont nous voulons vivre notre aventure dans l'entreprise, à la couleur que nous voulons lui donner, à la stratégie pour réaliser nos rêves, etc. La rencontre avec Harold Rhéaume nous a alors ouvert sur un monde où l'on peut se réinventer ensemble. C'est ainsi que, dans les studios du célèbre chorégraphe, neuf patrons ont été invités, sous la direction d'Harold Rhéaume lui-même, à créer leur propre chorégraphie. En effet, on est loin des écoles de gestion !

Ensuite, le chorégraphe a demandé aux leaders de se regrouper par groupes de trois et d'exécuter à tour de rôle leur chorégraphie. Puis il leur a demandé de répéter l'expérience, mais cette fois en commençant leur chorégraphie respective à partir du dernier mouvement de celle du dirigeant qui les a précédés. Dès lors, tous commençaient à se laisser inspirer par l'autre dans leurs mouvements.

Après cet exercice, chaque équipe a présenté une quatrième chorégraphie dans laquelle on pouvait reconnaître des émotions, des mouvements, bref, quelque chose de chacune des trois chorégraphies initiales. Il n'y avait toutefois plus d'auteur accolé à des mouvements précis, car on n'arrivait plus à retracer une seule source d'inspiration pour chaque chorégraphie ; chacun des membres des trois groupes de trois leaders devenait en quelque sorte un coauteur de cette quatrième chorégraphie.

À notre grande surprise, un ingénieur, un directeur général d'hôpital et un sous-ministre, sans n'avoir jamais chorégraphié ni même appris la danse, venaient de produire une chorégraphie à la fois très belle et inspirante. On se trouvait bons !

Nous avons aussi compris à quel point nous avions du plaisir à nous laisser inspirer. La rencontre de soi-même au contact de l'autre comme façon d'apprendre s'est imposée naturellement aux groupes de gestionnaires qui ont participé à nos ateliers de formation. Cette méthode d'apprentissage nous a aussi été confirmée par monsieur Albert Jacquard lui-même, un éminent scientifique et humaniste français avec qui nous travaillons depuis cinq ans. Ce dernier nous répète que nous devons créer « une société de la rencontre où l'on se sent grandi de la rencontre avec l'autre ».

Toutefois, l'expérience que nous vivons ensemble, dans nos groupes, ne doit pas être confondue avec celle que vous propose souvent un consultant qui vient vous donner une conférence dans le confort de votre entreprise, à laquelle vous assisterez non sans une certaine passivité. En effet, dans l'exercice de formation que je propose ici, je ne suis pas un consultant. D'autant que, le plus souvent, le consultant possède le savoir, tandis que, moi, je chemine **avec** les leaders ; je ne marche pas en avant d'eux, je suis à leurs côtés afin que nous trouvions ensemble comment être plus paisibles et plus performants.

Les impératifs économiques et commerciaux exigent que nous soyons tous en marche. Or, marcher exige du temps, notamment le temps de s'arrêter pour se reposer et se ravitailler afin de pouvoir continuer.

Certains leaders constituant nos groupes de formation disent que les moments que nous passons ensemble sont leurs rares espaces de ralentissement, sans agenda, sans « livrables ». Mais ces moments passés ensemble nous confrontent également. Ils nous déstabilisent, ébranlent nos croyances, du moins ne correspondent en rien à ce que nous expérimentons à l'occasion d'une rencontre classique entre patrons d'entreprise.

D'ordinaire, les rencontres sont planifiées, organisées ; l'ordre du jour ainsi que les objectifs sont connus à l'avance. Si bien que les rencontres que propose Esse Leadership peuvent parfois faire peur au premier abord. Il s'agit probablement de la crainte du vide... Cela dit, nos rencontres exigent beaucoup de transparence et d'honnêteté, sinon il n'y aurait pas de rencontre possible, ni avec les autres ni avec soi-même.

Je suis fasciné quand je constate à quel point ces grands leaders qu'on voit de l'extérieur comme des conquérants, voire des dictateurs, arrivent, une fois intégrés à l'un de nos groupes, à créer une ambiance d'accueil et d'ouverture à l'autre. Nous avons tous besoin, les PDG comme les autres, d'un espace, d'un lieu, d'une gang avec qui on peut être soi-même ; un endroit où on peut se poser pour un moment, pour mieux poursuivre la route.

C'est dans cet espace d'accueil et de non-jugement que je vous invite à vous asseoir. Allez ! Allez ! Entrez dans mon salon de la rue d'Auteuil, à Québec. Assoyez-vous dans un de mes grands divans, devant le foyer, sans agenda, ni crayon, ni iPhone, ni BlackBerry, ni téléavertisseur, pour que nous partagions nos découvertes des dernières années ; pour que vous puissiez vous joindre à cette centaine de femmes et d'hommes en marche, afin que nous soyons plus nombreux à cheminer ensemble vers une certaine tranquillité et ainsi mieux servir nos organisations respectives.

Faites-le d'abord pour vous-même.

Après ma charge contre la folie des organisations – et celle des leaders que nous sommes – dans *Les fous du roi*, on a dit que j'avais jeté un pavé dans la mare. C'est vrai : j'ai lancé des débats et peut-être créé du chaos qui a accru notre besoin de tranquillité. Toutefois, aujourd'hui, je suis ailleurs. Dans ce livre, je veux vous expliquer de quelle façon je me suis calmé et comment j'arrive à acquérir un peu plus de tranquillité chaque jour.

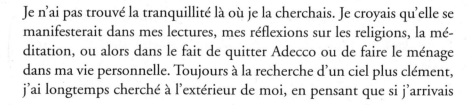

Je n'ai pas trouvé la tranquillité là où je la cherchais. Je croyais qu'elle se manifesterait dans mes lectures, mes réflexions sur les religions, la méditation, ou alors dans le fait de quitter Adecco ou de faire le ménage dans ma vie personnelle. Toujours à la recherche d'un ciel plus clément, j'ai longtemps cherché à l'extérieur de moi, en pensant que si j'arrivais à tranquilliser mon environnement, mes patrons, mes employés, ma famille, mon espace physique – en enlevant des cadres sur les murs, en rangeant mes placards –, je trouverais cette paix intérieure.

De la paix, j'en ai trouvé… un peu. Mais tant et aussi longtemps que j'ai voulu transformer mon environnement extérieur, je me créais aussi de nouvelles inquiétudes. Et, en plus, je n'obtenais aucun résultat positif.

C'est finalement dans une autre voie, par pure inadvertance, que je me suis finalement apaisé. En marge de ma quête de tranquillité au sein de mon environnement extérieur, je me suis concentré à développer les trois qualités que je souhaitais absolument trouver chez les leaders que je dirige ou accompagne. Avant de les nommer, laissez-moi vous expliquer comment je les ai choisies.

Pendant des années, mes patrons avaient des attentes envers moi, tandis que, moi, je nourrissais des attentes envers les cadres que je recrutais. Or, un beau matin, j'ai fait une mise à jour de la liste de mes attentes. Je me suis alors rendu compte que ça prenait 22 compétences pour être un bon patron chez Adecco! Pas deux! Pas quatre! Vingt-deux!

Résultat : un jour, nous nous sommes réveillés avec la moitié de nos bureaux sans leaders. Plus personne ne postulait pour devenir gestionnaire. Nos attentes étaient démesurées et… contradictoires! Nous demandions aux patrons d'être à la fois extravertis et réservés, visionnaires et champions des résultats à court terme. Nos jeunes recrues ont refusé de se plier à cette logique insensée. Cette crise a forcé une grande réflexion, il y a maintenant plus de 10 ans. Il en est ressorti que ces 22 compétences sont importantes, mais que le leader n'est pas obligé de toutes les maîtriser!

Cependant, un leader doit tout de même posséder **3 qualités essentielles** :

- **Le courage** de reconnaître parmi ces 22 compétences lesquelles il possède vraiment. Le courage de choisir le poste de leader tout en étant conscient de ce que cette tâche exige. Le courage de poursuivre ses rêves tout en demeurant fidèle à ses valeurs. Au fond, il s'agit du courage d'être soi-même.

- **L'humilité** de reconnaître qu'il a besoin de s'entourer de gens possédant les talents complémentaires aux siens et nécessaires à l'accomplissement de la mission de l'entreprise.

- **L'amour envers tous,** soit la capacité d'accueillir l'autre comme un être imparfait lui aussi. La générosité de se mettre au service du bien commun, de développer sa capacité à aimer et à servir ; aimer son métier, son organisation et les gens qui la composent ou l'entourent.

Ces trois qualités sont devenues nos uniques critères de sélection pour les leaders chez Adecco Québec. Et ils n'ont pas changé depuis. Lorsque j'ai quitté cette entreprise, je les ai jalousement conservés. À tel point que je ne les ai pas partagés avec qui que ce soit. Je me disais : « Ça, c'est notre vérité à nous, pas nécessairement une vérité universelle. »

Puis, en 2004, j'ai rencontré le philosophe québécois Jean Proulx après que mon collègue François l'eut découvert en lisant un de ses livres, *La chorégraphie divine*.

Cet ouvrage explore de façon poétique notre relation à l'univers. Professeur de philosophie, Jean a été longtemps fonctionnaire au ministère de l'Éducation. Il a toujours été habité par ce rêve d'explorer les différents univers que sont la science, la philosophie et la spiritualité, et conquis par le désir de se consacrer totalement à l'écriture et de partager les connaissances qui lui semblent réunir ces trois univers.

Une des conclusions de Jean m'a touché particulièrement. Selon lui, nous sommes tous prédestinés à trois choses, qu'il nomme « les trois appels de l'être humain » : l'appel du Héros, l'appel du Sage et l'appel du Saint.

Après toutes ces années de doute et de douleur durant lesquelles mes patrons et les écoles de gestion étaient critiques, voire perplexes, quant à mes critères de courage, d'humilité et d'amour, voilà que Jean Proulx venait m'apaiser en me confirmant que nos intuitions, qui ont émergé de nos expériences, n'étaient pas nécessairement la vérité, mais qu'au moins nous n'étions pas les seuls à penser ainsi.

De fait, ces idées sur le leadership que nous, les naïfs, avions développées, eh bien des hommes de science les avaient partagées et même théorisées. Depuis, nous soutenons que le leader, comme tout être humain, est appelé à être courageux comme un héros, humble comme un sage et aimant comme un saint.

Encore une fois, je ne suis pas prêt à affirmer que nous avons trouvé la vérité, mais lorsqu'il y a une rencontre entre la réflexion et l'action, le virtuel et le concret, l'intelligence et l'expérience, voire entre le ciel et la terre, il y a certes matière à explorer.

Les trois appels universels de Jean Proulx correspondent parfaitement aux qualités que nous avons retenues pour les leaders. En effet, à mon sens, l'appel du Héros, c'est **le courage.** Quant à l'appel du Sage, il fait écho à **l'humilité,** à **la conscience.** Enfin, l'appel du Saint, c'est **l'amour.**

J'aimerais partager avec vous l'appel universel de la science. Par exemple, nous savons aujourd'hui que l'univers est constitué, entre autres, de trois choses essentielles : l'énergie, la conscience et le phénomène d'attraction. Or, les humains que nous sommes sont soumis à ces trois éléments.

L'énergie en tant qu'élément universel participerait de ce fameux appel du Héros qui est appelé à agir, à bouger. Par exemple, Fredon, le héros dans *Le seigneur des anneaux,* reçoit une mission : détruire le dernier anneau. Ici, le héros est appelé au courage : le courage d'agir, le courage d'être soi-même. Il est appelé à réaliser, à accomplir et, pour ce faire, à déployer une énergie.

Or, dans le fait de quitter la tranquillité de son petit hameau de Hobbit pour remplir sa mission, Fredon éprouve une énergie qui serait en quelque sorte consubstantielle à l'appel du courage qui se manifeste en lui. De fait, il doit répondre à l'appel du courage et déployer l'énergie nécessaire à l'accomplissement de sa mission.

L'univers est aussi fait de conscience, de connaissance, d'information et d'intelligence. Cette dimension spirituelle, Jean Proulx la nomme « l'appel du Sage », ce dernier étant celui qui peut faire preuve de discernement, être conscient de lui-même et des autres. Conscient de l'ampleur de la tâche à accomplir, conscient de son environnement, de son influence sur les autres. À mon sens, l'appel du Sage est l'appel à l'humilité du leader. Ainsi, nous sommes appelés à prendre conscience que nous avons besoin des autres et que nous sommes interdépendants.

Finalement, en troisième lieu, l'univers est aussi fait d'attraction. Tous les éléments sont attirés les uns vers les autres. Pour Jean Proulx, il s'agit de l'appel du Saint, soit cet appel à aller vers les autres. À mes yeux, il s'agit de l'appel à la générosité et à l'amour.

Cette « rencontre entre le ciel et la terre », c'est-à-dire entre les conclusions de Jean Proulx et le résultat de mes expérimentations sur le terrain, a conforté mes attentes envers les leaders. Et puisque je crois en l'exemplarité, je me suis mis à développer davantage, pour ma propre gouverne, ces vertus de courage, de générosité et d'amour. Mieux encore, j'ai invité les leaders avec lesquels je marche à les développer avec moi.

Puis, quelque chose d'extraordinaire s'est produit. L'an dernier, j'ai réalisé que, de toutes ces années à choisir ma relève de leaders en fonction de ces trois qualités, et à vouloir moi-même devenir un exemple pour les autres, j'en avais tiré davantage de tranquillité que dans tout ce que j'avais accompli avant en tentant de modifier les choses à l'extérieur de moi.

Cultiver ces qualités m'apporte beaucoup de paix. Je réalise que plus j'ai le courage d'être moi-même et d'agir de manière cohérente avec ce que je suis, plus je reconnais mes limites et à quel point j'ai besoin des autres. Et plus je me mets au service des autres, plus je suis tranquille.

Ces fameux trois critères de sélection de leaders se sont avérés pour moi autant de voies de tranquillité. Je vous invite à les parcourir avec moi.

＝＝

Je vous l'ai dit : je ne suis pas un consultant. Je ne sais pas tout, mais je sais pourquoi vous avez ouvert ce livre. J'ai une bonne idée de la raison pour laquelle vous êtes encore avec moi : **il y a de l'agitation autour de vous, tout comme en vous-même.** Votre montre vient de glisser de votre poignet ; elle est tombée au fond du lac. C'est la panique. Vous êtes stressé. Vous avez perdu vos repères. Et vous cherchez des solutions rapides pour retrouver votre montre et la tranquillité que vous y associez.

Mais je soupçonne chez vous un autre désir, celui de prendre un moment d'arrêt, de ralentissement pour réfléchir, au lieu de tomber dans le piège de l'agitation. Suspendre le temps, celui nécessaire pour parcourir ces pages ou actualiser votre potentiel de tranquillité, et sortir de ce schéma répétitif de l'action-réaction.

Au fond, comme tous les autres êtres humains, vous souhaitez vous libérer de la souffrance et être plus heureux. Vous désirez que se dépose en vous une plus grande sérénité, voire que la vie vous soit plus douce. Et puis vous voulez continuer à faire ce que vous aimez, mais en étant nettement plus tranquille.

Votre montre peut attendre, pas vous. En tant que leader, parent ou simple être humain, votre première responsabilité consiste à être bien afin que les gens de votre entourage soient bien en votre présence.

Aimeriez-vous goûter à cette tranquillité ? Vous connaître mieux en tant qu'être humain et leader ? Souhaitez-vous échapper autant que possible à la pression de la perfection et découvrir une nouvelle façon de diriger votre équipe ? Recherchez-vous un leadership plus tranquille, mais à la fois plus performant.

Pour ma part, j'ai toujours souhaité cette tranquillité, mais je ne savais pas comment la trouver et combien de temps il me faudrait pour l'atteindre.

Pourtant, un matin, cette fameuse tranquillité s'est ni plus ni moins déposée en moi. À la fois étrangère et si familière. Étrangère, parce que je n'y avais pas touché auparavant. Familière, car, malgré tout, j'avais un sentiment de déjà-vu ; comme si cette tranquillité était déjà en moi, mais ne s'était jamais manifestée – ou peut-être, simplement, ne lui avais-je pas donné accès à mon être.

Depuis, cette tranquillité est parfois très présente en moi, parfois moins. Mais elle ne m'a jamais quitté. Et je suis convaincu que les trois voies que je vous propose d'explorer – le courage, l'humilité et l'amour – ont également contribué à ma tranquillité. Cela ne s'est pas fait tout seul : il m'a fallu de la rigueur, du travail, de l'attention et de la présence. Mais avant tout, j'ai dû… ralentir. Et c'est ce que vous avez sûrement déjà commencé à faire vous aussi.

Le courage

Pendant de nombreuses années, j'ai travaillé fort à devenir le leader qu'on voulait que je sois, ce qui m'a parfois obligé à agir à l'encontre de ma nature parce que celle-ci ne convenait ni aux attentes de mes patrons ni aux modèles des écoles de gestion. J'ai dépensé une énergie folle à analyser pendant des heures le passé, alors que ma nature me disait plutôt de regarder rapidement le chemin parcouru pour mieux agir dans le présent. Pourquoi ai-je accepté de me transformer et de me conformer ainsi ? Parce que je voulais être aimé, apprécié, promu. Au fond, je souhaitais être parfait, ne pas avoir besoin des autres. Conditionné par cet environnement, j'ai naturellement demandé à mes équipes de se conformer de la sorte elles aussi.

Pourtant, l'énergie nécessaire à une telle rectitude est si monumentale ! Et puis, travailler sur ses faiblesses, et nier sa nature, a ses limites. D'autant qu'être soi-même est tellement plus apaisant. Mais la route pour y arriver demande du courage, celui d'entreprendre la découverte de soi. Car, pour devenir soi-même, il faut d'abord savoir qui on est.

Dans ce chapitre, nous apprendrons à nous connaître. Pour ce faire, nous naviguerons ensemble parmi ces éléments qui composent l'identité d'un être humain, du moins ceux que j'ai explorés.

Les écoles de gestion nous enseignent à faire le PODC (planifier, organiser, décider, contrôler). Nous allons maintenant explorer comment **être dans ce qu'on fait.**

Qu'est-ce qu'un patron selon la vision traditionnelle? Il se limite souvent à la somme de ses forces et de ses faiblesses. Et les faiblesses, on dit qu'il faut les cacher ou les éliminer. Je ne suis pas d'accord.

Nous, les leaders, sommes tellement plus que cela : nous caressons des rêves, semons et dissipons des doutes, surmontons nos peurs, canalisons nos passions, partageons notre émerveillement et, parfois même, nous manifestons notre indignation… De plus, nous apprenons à reconnaître nos valeurs – ce en quoi on croit, ce qui est important à nos yeux – pour entretenir ou ramener de la cohérence entre nos babines et nos bottines. Ainsi, chacune des paroles qu'on prononce et chacun des gestes qu'on pose refléteront ce qu'on est.

Cette façon de vivre en cohérence, c'est ce que j'appelle « **habiter ses gestes, habiter sa vie** ». Cela signifie, pour moi, être présent à ce que je suis et dans ce que je fais. Par exemple, est-ce que j'*habite* vraiment mes « Comment ça va? » du matin plutôt que de demander mécaniquement à tout un chacun comment il va? Est-ce que je prends le temps de ralentir et de m'intéresser vraiment à la réponse de chacun de mes interlocuteurs?

Depuis que je suis conscient de cette mauvaise habitude, il me vient des fous rires en pensant au nombre de personnes qui me demandent « Comment ça va? » et qui se foutent carrément de la vraie réponse que je m'apprête à leur donner. Puis, à mesure qu'on commence à habiter nos gestes, nos « Comment ça va? » se transforment en « Comment vas-tu ce matin? ».

Pourquoi est-ce si difficile d'habiter nos gestes? Parce qu'ils dévoilent qui nous sommes. Et accepter de dévoiler sa vraie personnalité comporte des risques : se révéler être en marge de la ligne de parti ou de pensée, ou dévoiler ses limites et courir alors le risque qu'on décide de nous remplacer.

Un exemple très simple :
Prêcher aux employés qu'il faut bien équilibrer travail et famille
et d'un autre côté s'attendre qu'ils soient disponibles sur
leur "blackberry" 24/7 !!!

J'ai l'impression que, durant toute notre vie, on tente de se conformer pour être reconnu, promu, aimé. Pourtant, si je vous demande « Qui admirez-vous le plus au monde ? », vous me répondrez fort probablement : « Quelqu'un de vrai, d'authentique ». Pourquoi, d'un côté, admirons-nous les personnes vraies et, de l'autre, tentons-nous de nous conformer aux conventions et usages, quitte à nier ce que nous sommes et nos convictions ? Peut-être admirons-nous nos modèles parce que, justement, ils ont le courage d'être eux-mêmes ; notamment de sortir du rang de moutons qui se suivent sans se poser de questions, au risque de se jeter à l'eau.

Selon moi, agir constitue une façon de s'exprimer. Nos gestes en disent long sur nous. L'environnementaliste Laure Waridel illustre cela de manière éloquente lorsqu'elle parle de notre comportement de consommateur. Elle dit : « Acheter, c'est voter. » Tout comme les produits qu'on consomme révèlent qui on est, notre style de gestion peut dévoiler certaines de nos valeurs.

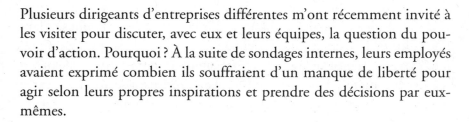

Plusieurs dirigeants d'entreprises différentes m'ont récemment invité à les visiter pour discuter, avec eux et leurs équipes, la question du pouvoir d'action. Pourquoi ? À la suite de sondages internes, leurs employés avaient exprimé combien ils souffraient d'un manque de liberté pour agir selon leurs propres inspirations et prendre des décisions par eux-mêmes.

En répondant à ce sondage, ces employés avaient exprimé vouloir sortir des politiques établies, prendre des initiatives, oser une certaine marginalité pour satisfaire un client, créer un précédent pour s'adapter à la situation particulière d'un employé... Au fond, ce que les employés avaient manifesté, c'est à quel point, en général, on semble faire peu appel à leur intelligence. Et combien on semble faire peu confiance à leur capacité à trouver des solutions adéquates, voire à mettre en place des mesures adaptées aux situations particulières qu'ils rencontrent sans cesse au quotidien. Ils ont l'impression que les dirigeants ont une peur bleue de déroger aux conventions et qu'à trop vouloir protéger leurs arrières, ceux-ci ressentent le besoin de tout contrôler.

Je partage le sentiment de ces employés : nous baignons de plus en plus **dans une culture d'exécution.** Il nous manque de place pour réfléchir par nous-mêmes et prendre des décisions sans que nous soyons obligés de les faire valider par quatre niveaux hiérarchiques.

Comme je l'ai rappelé plus tôt, agir, c'est s'exprimer. Mais avant de pouvoir agir, il faut d'abord réfléchir ; en effet, pour exprimer une chose précise, il faut d'abord savoir ce qu'a à dire la personne qu'on est. Or, à mon sens, ce qui précède le pouvoir d'agir, c'est le courage d'être. Il n'y a pas 56 façons de s'y prendre pour passer à l'action : j'assume d'abord ce que je suis et ce que je pense, et ensuite, j'agis en fonction de cette prise de conscience de moi-même.

Ainsi, dans une entreprise où chacun peut être lui-même, les employés n'hésiteront pas à énoncer des opinions, poser des gestes et prendre des décisions qui pourraient les révéler à leurs collègues et à la direction. C'est qu'ils savent qu'ils seront accueillis et respectés. À l'opposé, dans une culture hiérarchique où il y a peu de place pour l'exception, on préfère exécuter plutôt qu'agir. Exécuter signifie « faire ce que quelqu'un d'autre m'a dicté ». Une telle culture d'entreprise est sécurisante, car si on échoue, on peut toujours invoquer qu'on ne faisait qu'exécuter un ordre. En bon français, on appelle ça « protéger ses fesses » !

Pour ma part, bien au contraire, j'incite les organisations que j'accompagne dans leur démarche à réfléchir davantage, à développer une culture où chacun peut être ce qu'il est et agir en cohérence avec lui-même.

On demande aux gens d'agir. Or, pour pouvoir agir souverainement, il faut avoir confiance en soi. Mais comment se faire confiance si on est incapable d'être soi-même ?

Par ailleurs, on se demande aussi pourquoi si peu d'employés prennent des initiatives? Réponse : parce qu'au sein de plusieurs organisations, lorsqu'on prend des initiatives, on court souvent le risque de se faire taper dessus. Pourtant, ne devrait-on pas davantage se préoccuper d'évoluer dans une organisation harmonieuse, dans laquelle on partage des valeurs cohérentes avec ce qu'on est, plutôt que de se contenter d'exécuter ses tâches d'une manière rigoureusement conforme?

On devrait accepter que tout le monde ne travaille pas de la même façon dans une organisation, mais ne jamais tolérer qu'on manque de respect et d'écoute envers un client. Nous blâmons trop souvent nos employés pour les mauvaises raisons. Cette fâcheuse habitude que nous avons leur envoie le message que la procédure est plus importante que la relation de confiance que nous entretenons avec eux. Comble du ridicule, on les envoie suivre un séminaire de perfectionnement pour améliorer la relation qu'ils développent avec leurs clients!

Comme leader, il m'appartient avant tout d'accueillir qui je suis : me connaître, m'accepter et également reconnaître ma valeur. Je suis unique et utile. Et je suis d'autant plus utile quand je suis moi-même que j'offre ainsi le meilleur… de moi-même.

Au fil des ans, je me suis concentré sur neuf éléments de mon identité : mes rêves, mes valeurs, mes talents, mes croyances, mes connaissances, mes peurs, mes étonnements, mes intentions et… mon ego.

Chaque fois que j'ose, avec courage, « habiter ma vie » d'un de ces éléments – par exemple, en assumant une de mes peurs ou en réalisant un des mes rêves –, je me sens « à la maison ». Je suis plus tranquille. Explorons ces neuf éléments.

Mes rêves

Dans son livre *L'alchimiste,* Paulo Coehlo écrit que lorsque vous avez le courage de la grandeur de votre rêve et le courage de le partager avec les autres, l'univers conspire pour que ce rêve se réalise – je suis d'accord avec lui. Vous trouvez ça « flyé » ? Oui, en effet, ça peut l'être pour certains. Pour le moment, acceptez simplement qu'il puisse en être ainsi. Du moins, acceptez de vous mettre dans cet état d'esprit.

Rappelez-vous un de vos rêves restés inassouvis : le café du coin que vous souhaitiez racheter, la maison de votre grand-mère que vous vouliez retaper, ou le chalet que vous pensiez construire sur le bord d'un lac. Ou peut-être avez-vous rêvé d'être un artiste ou de courir un marathon ? Écrire un bouquin ? Fabriquer vos propres sushis, votre vin maison, votre pesto, votre fromage ? Passer à la télé ? Or, avez-vous déjà pris la peine de faire part de ces rêves à quelqu'un ? Bien sûr, on a parfois des rêves un peu fous, et il existe toujours, hélas, un rabat-joie autour de nous pour nous dire qu'on rêve en couleur, que ça ne se réalisera jamais, que ça n'a pas d'allure, etc. Mais je vous le dis expressément : il faut absolument que vous partagiez vos rêves, même les plus fous, avec le plus de gens possible !

Laissez-moi vous parler de l'humoriste Julie Caron. Elle s'est produite quelques fois au Festival Juste pour rire. Mais avant de monter sur les planches, Julie travaillait chez Adecco Québec, la boîte de placement de personnel que j'ai dirigée. Un jour, elle nous a confié ceci : « Je rêve d'être humoriste. » À cette époque, elle était déjà l'humoriste du bureau, celle qui nous faisait rire et communiquait de la joie de vivre à nos clients. Mais Julie voulait davantage. « Je veux gagner ma vie en tant qu'humoriste, comme Yvon Deschamps, comme Daniel Lemire, comme Lise Dion ! » avait-elle ajouté.

De cette heureuse déclaration (bien sentie) de Julie, je retiens deux choses. Premièrement, je me souviendrai toujours de la clarté de Julie dans l'expression de son rêve : pas de demi-mesure, pas de « J'aimerais peut-être, un jour, si c'est possible… » Une affirmation plutôt qu'une prière sans lendemain. Julie, comme peu d'autres, était consciente de son talent et de sa passion, deux éléments qui montrent la voie. De ce moment de vérité de Julie, je retiens, en deuxième lieu, le courage dont elle a dû faire preuve pour partager un rêve qui n'avait rien à voir avec son travail de l'époque. De fait, je trouve Julie courageuse, car, à la suite de sa révélation, j'aurais pu dire à son patron : « Écoute, n'investis pas trop en elle, elle ne restera pas longtemps parmi nous. »

Julie a pris un risque en nous dévoilant son rêve, mais cela lui a servi. Car, un an plus tard, au moment où nous tentions de réinventer notre façon de communiquer avec nos clients, le rêve de Julie nous est revenu en tête. Et si nous nous mettions à communiquer avec nos clients à travers l'humour ? Nous avons créé un poste sur mesure pour elle : « Comique senior classe 3. »

Pendant un an, Julie a fait de l'animation dans les salons de l'emploi auxquels nous participions. Il s'agissait certes d'une façon originale de nous distinguer de la concurrence et d'entrer en contact avec les clients potentiels. En nous mettant au service du rêve de Julie, notre entreprise a ajouté une corde à son arc. Bref, son courage lui a servi et nous a servis tout autant. Un an plus tard, Julie présentait un premier numéro au Festival Juste pour rire. Et, à ce jour, elle gagne toujours sa vie comme humoriste.

Parlez de votre rêve à quelqu'un dès aujourd'hui, d'autant qu'on ne sait jamais qui pourrait vous aider à le réaliser ni dans quelles circonstances. C'est pourquoi il faut réfléchir à votre rêve et saisir toutes les occasions de le partager.

Je pense à cette femme qui, à l'occasion de l'une de mes conférences, avait osé répondre devant tout le monde à la question *Quel est votre rêve ?* : « Danser avec mon mari dans la grande salle de bal du Château Frontenac. » Il y avait alors eu, dans la salle, un silence suivi de quelques ricanements. Puis quelque chose d'extraordinaire s'était produit. Une autre dame s'était levée et elle avait dit : « Mon fils travaille au restaurant du Château, je peux peut-être vous aider à réaliser votre rêve. » Après la rencontre, les deux dames s'étaient assises ensemble pour discuter de la façon de réaliser ce rêve. Quelques mois plus tard, la dame a enfilé sa plus belle robe et a dansé avec son conjoint dans la grande salle de bal du Château. Son courage lui aura donc servi.

Dans un des groupes de réflexion que j'anime se retrouvent côte à côte une directrice de musée et une directrice d'un Centre de santé et de services sociaux (CSSS). À première vue, ces dames n'ont rien en commun ; l'une travaille dans le monde des arts et l'autre dans celui de la santé. Pourtant, chacune de ces deux leaders avait le pouvoir de réaliser le rêve de l'autre. Il ne leur a suffi que de le **nommer** : la dirigeante du musée souhaitait voir l'art sortir du musée pour entrer dans d'autres univers, tandis que la seconde rêvait de mettre un peu de couleur, d'art, de culture dans la vie des patients des centres pour personnes âgées. Aujourd'hui, deux équipes travaillent ensemble à concocter une expérience culturelle pour les patients de ces centres.

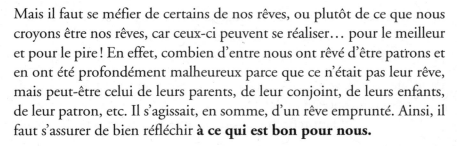

Mais il faut se méfier de certains de nos rêves, ou plutôt de ce que nous croyons être nos rêves, car ceux-ci peuvent se réaliser... pour le meilleur et pour le pire ! En effet, combien d'entre nous ont rêvé d'être patrons et en ont été profondément malheureux parce que ce n'était pas leur rêve, mais peut-être celui de leurs parents, de leur conjoint, de leurs enfants, de leur patron, etc. Il s'agissait, en somme, d'un rêve emprunté. Ainsi, il faut s'assurer de bien réfléchir **à ce qui est bon pour nous.**

J'ai longtemps voulu partir pour l'Asie, inspiré par ma « troisième grand-mère », une femme merveilleuse que j'ai en quelque sorte adoptée. Elle correspondait avec un missionnaire posté là-bas. J'ai porté ce rêve en moi pendant des années. Mais bon, j'ai commencé à travailler, j'ai fondé une famille et je suis demeuré au Québec. Mon rêve asiatique est resté en arrière-plan, inassouvi. Toutefois, il était toujours là, latent.

Plusieurs années plus tard, je m'offre une retraite de silence à l'abbaye de Saint-Benoît-du-Lac, dans les Cantons-de-l'Est. Là-bas, je me découvre une grande passion pour le silence ainsi qu'une grande aptitude pour le conserver. Quel apaisement! Quelle tranquillité! Au retour, je me confie à ma cousine France : « J'irais tout le temps à Saint-Benoît. À tel point que j'ai oublié l'Asie. » Et elle me répond du tac au tac : « Alors tu n'as qu'à emmener Saint-Benoît chez toi. »

Sur le coup, je n'ai pas compris ce qu'elle voulait me dire. Puis, un matin, j'ai choisi de m'asseoir par terre et de me donner 10 minutes de silence. J'ai décidé de commencer mes journées en silence. Bingo! J'avais trouvé. Mon rêve n'était pas l'Asie ni même l'abbaye de Saint-Benoît. Je rêvais probablement de paix, de silence et de tranquillité. Il sommeillait peut-être en moi un contemplatif qui a besoin d'un espace de silence. Et comme les enfants qui tirent notre chandail pour attirer notre attention, mon contemplatif intérieur réclamait la mienne. Depuis que je lui donne 10 minutes de silence par jour, mon besoin de contemplation est maintenant apaisé et me laisse tranquille le reste de la journée, pour que je puisse accomplir autre chose. Il est apaisé et moi aussi.

J'ai découvert que derrière chaque rêve se cache un besoin. Réfléchir à notre rêve nous permet de découvrir ce besoin. Derrière mon rêve de l'Asie, j'ai trouvé un besoin de silence dans ma vie. J'ai découvert que je pouvais combler ce besoin en posant des actions simples, sans me rendre à l'autre bout du monde. L'Asie représentait probablement pour moi une route vers la tranquillité intérieure. Depuis maintenant 10 ans, j'ai intégré des moments de silence dans tout ce que je fais : mes ateliers, mes conférences, ma vie quotidienne, etc.

Et vous, à quoi rêvez-vous? Au moins 7 personnes sur 10 répondent : « Avoir du temps. » C'est une bonne réponse. Mais vous voulez du temps pour faire quoi? C'est à cette question-là qu'il faut répondre, car la réponse vous donnera la clé de votre besoin inassouvi. Si je vous donnais cinq heures de plus par semaine, qu'en feriez-vous ? Que feriez-vous de différent de ce que vous faites déjà ? En quoi ces cinq heures supplémentaires représenteraient-elles un cadeau de la vie ?

Si vous ne connaissez pas vos rêves, vous finirez par emprunter ceux des autres, rêver par procuration ; peut-être même devenir un voisin gonflable. Combien d'employés adoptent le rêve de leur patron ? Je l'ai déjà fait moi-même. Quand j'ai créé Adecco Québec, j'entretenais le rêve d'en faire la plus grande entreprise de recrutement de personnel au Québec. Pendant 10 ans, nous avons travaillé à conquérir des marchés et à réaliser ce rêve. Était-ce réellement ce dont je rêvais, ce dont nous rêvions, ou était-ce pour plaire à nos patrons et à nos actionnaires ? Finalement, ce rêve, porté par le groupe, d'être numéro un dans le monde entier, je l'avais adopté, comme tous les directeurs de filiales. Je ne regrette rien, car j'ai adopté ce rêve parce qu'il m'a enthousiasmé, et ce, pendant de nombreuses années ; ce rêve me convenait. Je réalise, avec le recul, que j'aurais pu poursuivre un tout autre rêve dès le début, par exemple celui qui a suivi : devenir, au Québec, une référence dans la compréhension de l'être humain en milieu de travail et, par ce chemin, offrir aussi une place de grande envergure au groupe mondial Adecco. C'est d'ailleurs ce qui est arrivé. Ce rêve était davantage porté par mes équipes et moi.

Aujourd'hui, je crois que le leader, celui qui a vraiment le sens de la direction, arrive à descendre en lui-même pour réfléchir à ce qu'il rêve d'accomplir ou à ce qu'il souhaite devenir. Ce n'est qu'ensuite qu'il se met au service de son rêve. Mais, ce rêve, il ne l'impose pas aux autres. Il aide plutôt ces derniers à trouver le leur et se met au service de celui-ci, comme nous l'avons fait pour Julie Caron chez Adecco.

Ne pas ralentir pour explorer ses rêves, c'est passer à côté d'un espoir dont seul l'être humain est capable : **savoir que demain existe.** Mes rêves sont un mouvement vers demain. Nourri de ce que je souhaite pour l'avenir, je peux mieux vivre mon présent. Ce présent sera alors utile pour de meilleurs lendemains. Du moins, j'aurai une direction, un sens. Le philosophe Albert Jacquard a dit : « Notre responsabilité, c'est de mettre aujourd'hui au service de demain. »

Pour avoir du leadership au bureau, il faut d'abord en avoir dans sa propre vie. C'est-à-dire qu'il faut savoir ce qu'on veut faire ou réaliser, mais aussi ce qu'on souhaite devenir en tant qu'être humain. En effet, il y a **ce que je rêve de faire,** mais aussi **ce que je rêve d'être.**

Par exemple, j'ai reçu le dernier enseignement de ma mère… après sa mort. Au salon funéraire, une foule de gens sont venus me parler d'elle. Tous les commentaires évoquaient sa sérénité et son harmonie. « Mon Dieu ! que je me sentais bien en sa présence », m'ont dit plusieurs. La veille des funérailles, mon père m'a demandé de dire quelques mots à l'église. J'ai alors décidé de récupérer, un peu partout dans la maison, des objets qui parlaient d'elle pour les montrer, le lendemain, à la messe funéraire. En les cherchant, j'ai découvert, au fond d'un tiroir, une immense pile de feuilles, dans une chemise. Il s'agissait des notes d'un cours par correspondance que ma mère avait suivi avec un ermite français, sur une période de deux ans, et dont elle ne m'avait jamais parlé. Le cours s'intitulait « Harmonie et sérénité ».

L'enseignement que je retiens de cette découverte, c'est qu'on peut devenir ce qu'on veut devenir si on y réfléchit et si on y met les efforts. Trente ans auparavant, très loin de la sérénité après la mort de ma sœur de 11 ans, ma mère a probablement rêvé d'être plus en harmonie avec la vie. Or, à ses funérailles, cette harmonie, c'est exactement ce que les gens retenaient en parlant d'elle. Ainsi, ma mère est devenue ce qu'elle a voulu devenir : sereine. Le rêve est le moteur de l'action. Si je ne sais pas où je vais, à quoi bon avancer à gauche ou à droite ?

Et maintenant, à vous. Que souhaitez-vous devenir ? À cette question, un leader que j'accompagne ne savait pas quoi répondre. Je lui ai dit que je le soupçonnais de rêver qu'on lui enfile une camisole de force.

« Pourquoi dis-tu cela ? » m'a-t-il demandé. « Parce que j'ai l'impression que tu fais tout pour devenir fou. Et à ce rythme-là, je crois bien que tu y parviendras ! »

Aucun leader ne peut montrer le chemin à son entreprise s'il ne donne d'abord une direction à sa vie. Il lui faut savoir ce qu'il se souhaite à lui-même avant de savoir quoi souhaiter à son entreprise.

Mes valeurs

De plus en plus d'entreprises réfléchissent à leurs valeurs, et c'est tant mieux. Mais avant de se pencher sur ces valeurs, voici **2 questions** bien plus pressantes auxquelles vous devez répondre en tant que leader :

1. Quelles sont mes *propres* valeurs ?

2. Qu'est-ce qui n'est pas négociable à mes yeux ?

Je pense à ce dirigeant venu me faire part de sa souffrance :

« Je ne me sens pas très bien. Je ne me sens pas en cohérence avec moi-même, avec mes valeurs.

– Quelles sont tes valeurs ?

– Je ne sais pas… »

Vous sentez-vous comme lui ? C'est vrai qu'il n'est pas si simple de répondre à cette question.

Pour vous aider, je vous propose les **2 sous-questions** suivantes :

1. Quel est le plus bel héritage que vous avez reçu de vos parents ?

2. Qui admirez-vous le plus et pourquoi ?

Lorsque vous y aurez répondu, vous en saurez plus sur vos valeurs.

Pour ma part, le plus bel héritage que j'ai reçu de ma mère, c'est le fait qu'elle était une femme sans cesse en marche. Toujours déterminée à se remettre en question, à évoluer. Plus globalement, de mes parents je retiens l'amour et l'accueil de l'autre. Notre maison était en effet toujours ouverte à tout le monde. Ce qui explique qu'aujourd'hui, évoluer et accueillir l'autre, c'est important pour moi. Et si mon patron me demandait de traiter un employé d'une façon qui, selon moi, témoigne d'un manque d'amour, je me sentirais en incohérence avec mes valeurs. Ou supposons que mes parents m'eurent enseigné que la vérité est au-dessus de tout, j'aurais eu alors bien du mal à mentir aux journalistes ou à manquer de transparence vis-à-vis mes employés au sujet des enjeux importants de mon entreprise.

Si ce que j'ai le plus aimé du contexte familial était la simplicité et l'harmonie de nos relations, je deviendrais rapidement épuisé au sein d'une organisation où les relations sont tendues et complexes.

Le plus bel héritage que m'ont laissé mes parents, j'ai choisi de le garder dans ma vie. Cela correspond à ce en quoi je crois, ce que je priorise.

J'ai d'ailleurs davantage retenu ce que mes parents ont été que ce qu'ils ont dit. Ça aussi, c'est révélateur de mes valeurs.

<hr>

Préparez-vous à faire le ménage! Il y a les valeurs que vous avez reçues, celles que vous vous appropriez et qui guident votre vie et vos actions, et que vous avez envie de transmettre à vos enfants et aux générations qui vous suivent. Il y a aussi les autres que vous traînez, mais qui ne vous appartiennent pas vraiment.

N'acceptez jamais de vous éloigner de vos valeurs, car ce n'est pas bon pour votre santé. Selon mes valeurs, moi, Rémi, si je manque d'amour, d'égard une fois envers l'autre, je ne serai pas tranquille. Deux fois, je me sentirai mal dans ma peau. La troisième fois, je tomberai malade, tout simplement.

Dans l'ouvrage *Guérir*, David Servan-Schreiber explique que lorsqu'on a une bonne *cohérence cardiaque*, on court moins de risque de tomber malade. La cohérence cardiaque consiste à contrôler les battements de son cœur afin qu'ils soient plus réguliers et plus amples. Elle permet de retrouver l'équilibre entre le corps et les émotions, entre le cerveau et le cœur. Cela permet alors une meilleure concentration, une plus grande efficacité au travail et une meilleure acuité intuitive. C'est, en somme, un outil simple et concret pour réduire le stress, l'anxiété et la dépression.

Pour ma part, je suis convaincu que plus je suis cohérent avec mes valeurs, plus facilement, je garderai la santé. Être incohérent avec une de ses valeurs crée de la culpabilité en soi-même, engendre du ressentiment, donc du stress. Par exemple, on se juge d'avoir plié l'échine, alors on a honte. Or, tout cela affecte notre système immunitaire et nous met à risque de tomber malade.

Partir à la découverte de vos valeurs vous apportera beaucoup de paix. En effet, tant que vous ignorez ce qui a de la valeur à vos yeux, vous vous battez en vain sur tous les fronts à la fois. Connaître ce qui vous importe vous permet de choisir vos batailles. Vous ne devez plus vous demander d'être parfait partout, et ce, constamment, mais seulement d'être cohérent.

Par exemple, si vous prônez plus que jamais le respect de la dignité humaine, votre façon de procéder à des licenciements sera certes différente de celle de votre voisin si, pour ce dernier, l'adjectif a nettement moins d'importance que le nom dans l'expression « ressources humaines ». Par ailleurs, si votre valeur est la transparence, vous ne cacherez rien à vos équipes au sujet de la contre-performance de l'entreprise. Mais si vous valorisez davantage le fait de protéger vos employés plutôt que d'être transparent, alors, peut-être, vous ne leur direz rien du tout. Et cela pourrait être tout à fait admissible, car vous seriez alors en parfaite cohérence avec vous-même.

Attention, un danger vous guette, à plus forte raison si vous êtes un leader. Lorsqu'on découvre ses valeurs, il en va comme de ses rêves : la tentation est grande de les imposer aux autres.

Pourquoi, selon vous, assiste-t-on à des débats qui n'en finissent plus entre le président de l'entreprise et le président du syndicat ? Cela se passe généralement comme suit. Le président du syndicat dit : « Nos valeurs principales sont le bien-être des employés et l'équité. » Piqué au vif, le patron se braque et réplique : « C'est ça, et moi je suis le chien sale qui se fout des employés ! » Puis il ajoute : « Nos valeurs sont la performance et la pérennité de l'entreprise. » Alors, le président du syndicat voit rouge. « Et moi je suis une tarte qui se fout de la pérennité de la boîte ! » répond-il à sa manière, du tac au tac. Bref, chacun se campe dans ses positions, tout en jugeant l'autre qui, forcément, se sent alors jugé, voire condamné avec sentence. On est bien avancé !

Pourquoi ne se dirait-on pas plutôt, sans faire de procès, que le patron est gardien de la valeur de pérennité, le syndicat est le gardien de la valeur du bien-être de l'employé, et que chacun doit féliciter l'autre de jouer son rôle ?

Malheureusement, on perd beaucoup d'énergie à se juger les uns les autres ou à se culpabiliser plutôt que de s'affairer à trouver des solutions qui respectent les valeurs de chacun. En effet, pourquoi faut-il nécessairement que ce soit l'un *ou* l'autre et jamais l'un *et* l'autre ? En fait, le président de l'entreprise et le président du syndicat partagent les mêmes valeurs, mais dans un ordre différent. **Ensemble, ils se complètent.** Au lieu de juger l'autre, chaque partie devrait se montrer reconnaissante de ne pas avoir à tout porter seule sur ses épaules.

Ne pas connaître ses valeurs comporte deux risques. D'abord, vous ne pourrez pas accueillir celles des autres si vous considérez que les valeurs éthiques ne sont pas assez importantes pour que vous vous y intéressiez de près. En effet, si vous n'avez jamais pris le temps de ralentir pour réfléchir à vos valeurs, vous ne prendrez pas non plus le temps d'écouter celles des autres. Finalement, le second risque est que si vous n'avez aucune conviction quant à ce qui importe à vos yeux, vous serez alors toujours sur vos gardes.

Imaginez que vous êtes invité à un cocktail où on vous présente à des représentants de la concurrence. Si vous savez exactement quelles sont vos valeurs de loyauté envers votre entreprise, vous serez tout à fait ouvert à prendre un verre avec un concurrent. En revanche, si vous avez de la difficulté à évaluer la nature de votre attachement à votre organisation, alors vous aurez peur de vous retrouver dans une situation où vous pourriez vous laisser aller à divulguer une information ou d'être tenté de quitter votre employeur. En clair, vous risqueriez de vous laisser entraîner dans quelque chose que vous ne voulez pas, puisque vous n'êtes pas certain de savoir ce que vous voulez.

On a finalement bien plus peur de soi-même que des autres lorsqu'on ne se connaît pas et qu'on ignore ses valeurs. Avoir le courage de ses valeurs ne signifie pas se battre pour elles. D'ailleurs, les martyrs qui se sont sacrifiés au nom de leurs valeurs ne se sont pas avérés très utiles après leur mort. Paradoxalement, à trop vouloir faire le bien, on peut faire énormément de mal, aux autres comme à soi-même. Ainsi, au lieu d'imposer ses valeurs, il faut les partager, les habiter, bref, vivre en cohérence avec elles.

En y pensant bien, la plupart des êtres humains partagent les mêmes valeurs fondamentales. Toutefois, ils ne les hiérarchisent pas tous de la même façon. Lorsqu'on a réussi à définir ses propres valeurs, on peut partir à la découverte de celles des autres. Ainsi, nous pouvons, tous ensemble, partir à la découverte des valeurs qui nous rassemblent.

Mes talents

Nelson Mandela a dit que nous avons bien plus peur de notre lumière que de notre ombre. Alors il faut avoir le courage de son talent, d'autant que notre fond judéo-chrétien nous en dissuade trop souvent. En effet, dans cette culture partagée par des millions de Québécois, il ne faut pas se vanter, car ce n'est pas beau, apparemment. C'est qu'il n'y a pas si longtemps, au Québec, on pensait être né pour un petit pain et, alors, on ne rêvait pas assez souvent de devenir le boulanger de ses rêves et de ses désirs... Ainsi, au lieu d'oser mettre son talent de l'avant, on se concentre sur ses faiblesses. Et nos employeurs nous aident si bien à ce chapitre !

Il y a sept ans, un directeur de l'informatique au ministère des Ressources naturelles m'a demandé mon avis à propos des critères de sélection retenus pour recruter les chefs d'équipe. Ma première réaction : « Combien de personnes auront-ils à gérer ?

— De 10 à 15 personnes, m'a répondu le directeur.

— Vraiment ? me suis-je exclamé. Pourtant, je maîtrise à peine 4 des 22 compétences que vous listez, et je gère les 11 000 employés d'Adecco Canada ! »

Mais mon interlocuteur ne s'est pas laissé démonter : « Si tu étais un candidat, a-t-il enchaîné, nous te monterions un plan de formation sur mesure pour t'aider à travailler sur tes faiblesses et, dans trois ans, tu pourrais poser ta candidature de nouveau pour ce poste.

— Vraiment ?! Je crois tellement en l'être humain. Je suis certain qu'à force de travailler sur mes faiblesses, j'en viendrais à devenir meilleur dans celles-ci. Par ailleurs, je ne postulerais jamais de nouveau après cette formation, puisque j'aurais alors perdu toute estime de moi, voire toute confiance en moi-même. Ce n'est pas en travaillant trois ans sur mes faiblesses que je me sentirai bon et que je rayonnerai d'estime personnelle ! »

On dirait que les entreprises ont inventé une nouvelle parabole, la parabole des faiblesses : « Trouve tes faiblesses et fais-les fructifier ! » Pour ma part, je préfère nettement la parabole originale, qui me propose de trouver mon talent et de le développer. En effet, si j'investis 20 % de mon énergie dans mes faiblesses, j'aurai probablement 2 % de résultat. Or, si je mise plutôt ce 20 % sur mes talents, ma performance sera probablement multipliée par 10.

Nous avons tous reçu un talent à la naissance, qu'attendez-vous pour faire fructifier le vôtre ? Votre talent, c'est la meilleure partie de vous-même. Et votre responsabilité comme leader, c'est d'offrir aux autres le meilleur de vous-même.

〰〰〰

Je me rappelle cet homme venu me voir, tout triomphant, après une conférence : « Monsieur Tremblay, vous m'avez convaincu : je vends mon violoncelle. » Mais de quoi me parlait-il ? Je n'ai jamais parlé de musique dans mes conférences. « Je suis pianiste. Mais je voulais aussi jouer du violoncelle, même si je suis naturellement moins à l'aise avec cet instrument, et j'y consacre tellement d'énergie que cela me gruge du temps de piano. C'est fini, je vais m'en tenir à mon talent. »

Cela peut paraître excitant de se concentrer sur son talent plutôt que sur ses faiblesses, mais c'est également éprouvant. En effet, si vous réfléchissez assez longtemps à vos talents, vous découvrirez que vous en avez très peu ! Combien d'entre vous pensent depuis des années qu'ils ont tous les talents ? Qu'ils peuvent être à la fois visionnaires et champions des résultats à court terme, créatifs et analytiques ? Après tout, n'est-ce pas ce qu'on attend d'un leader ?

Consolez-vous, car, au fond, il est préférable d'avoir un seul talent, parce que le développer, ce n'est pas une sinécure ! Mieux vaut ne pas en avoir trop.

Tous ceux qui arrivent à travailler sur trois ou quatre compétences en même temps ont toute mon admiration. Si les 22 compétences-clés sont essentielles au succès de l'équipe, il n'est pas nécessaire qu'une même personne les possède toutes!

Comment découvrir votre vrai talent? Une bonne façon d'y arriver consiste à vous informer autour de vous. En quoi suis-je le plus utile? Quelle est ma plus importante contribution à l'organisation? Posez ces questions à cinq personnes qui vous connaissent. Ensuite, retracez le fil de toutes les réponses reçues puis vous y trouverez l'essentiel de ce qu'on reconnaît en vous. Le moine suisse Nicolas Buttet affirme que «le discernement quant à son talent naît d'une rencontre entre ce que je porte à l'intérieur de moi et ce qu'on dit de moi». Il s'agit également de descendre en soi-même pour découvrir ce qu'on pense porter de meilleur en soi. En quoi avez-vous l'impression d'être le meilleur? Selon vous, qu'avez-vous de meilleur à offrir au monde? Et s'il y a rencontre entre ce que vous portez en vous-même et ce qu'on dit de vous, voilà une bonne piste à suivre pour identifier votre talent.

Maintenant, assumez votre talent: peaufinez-le, travaillez-le. Ayez le courage de votre talent. Il deviendra alors votre meilleure façon de contribuer au monde.

Mes croyances

Nos croyances nous ont été transmises, inculquées ou suggérées au fil des ans à partir de notre expérience. Il s'agit de préjugés ou d'a priori qui, à nos yeux, représentent la réalité, et ce, sans que nous les remettions en question. De fait, nous devrions nous habituer à dire «Je crois que...» pour nous conscientiser au fait que nos croyances nous sont propres. Du moins, cela facilitera le dialogue et heurtera moins de gens autour de nous.

Il y a nos croyances personnelles, du genre « Je suis nul en cuisine ». Puis il y a les croyances culturelles, telles que « Il n'est pas riche pour rien » ou « Les gens riches sont malhonnêtes ». Finalement, il y a aussi les croyances organisationnelles. Par exemple : « En installant un climat de compétition entre les employés, on amène ces derniers à performer davantage. »

Ayons le courage de regarder nos croyances et de réfléchir par nous-mêmes.

La prochaine fois que vous émettrez, dans votre for intérieur ou à voix haute, une idée qui vous semblera une vérité, tâchez de l'observer avec un nouveau regard ; comme si c'était quelqu'un d'autre qui vous la disait ou comme si vous l'entendiez pour la première fois.

Par exemple, quand vous vous entendez dire à votre fils « Respecte-moi, je suis ton père » ou à votre employé « Respecte-moi, je suis ton patron », vous pouvez prendre du recul pour observer cette pensée et faire preuve d'un sens critique en vous demandant si votre argumentation tient la route. Vous pourriez alors arriver à l'une des trois conclusions suivantes. D'une part, vous pourriez réaliser que cette façon de considérer le respect n'est pas la vérité absolue, mais simplement ce que vous croyez à ce moment précis de votre vie. Vous pourriez aussi conclure que vous méritez le respect simplement parce que vous êtes un être humain et non à cause de votre statut de père ou de patron. Ou, enfin, vous pourriez constater que vous répétez simplement une phrase toute faite, sans y croire vraiment.

En somme, les croyances et les préjugés ne sont généralement pas la réalité, mais bien une perception ou une conception de celle-ci.

« Je suis nul en cuisine ! » D'où me vient cette croyance ? De mes parents qui m'ont souvent rappelé que mon premier Jell-O n'a pas pris ? Puis, ayant oublié de mettre la poudre à pâte dans le premier gâteau que j'ai cuisiné, j'ai naturellement conclu : « C'est vrai, je suis poche en cuisine ! »

Bref, si on ne reconsidère pas nos croyances, celles-ci deviennent notre réalité.

Prenons l'exemple d'une entrevue de sélection. Ayant travaillé pendant 17 ans pour une firme de recrutement, j'ai réalisé plusieurs entrevues de ce genre. Au fil des ans, j'ai pris conscience que j'évaluais les candidats à travers mes croyances, mes lunettes, mes filtres, mon regard sur le monde. Comme je suis quelqu'un d'assez naïf, plutôt confiant, je regardais le beau, le talent. Je ne voyais donc que les qualités des personnes que je passais en entrevue. Et puisqu'il y a du bon en chaque personne, j'arrivais toujours à la conclusion que tous les candidats étaient bons ; je voulais tous les embaucher !

Tant que je n'ai pas pris conscience de mon défaut de perception en entrevue, je me suis trompé au sujet de plusieurs employés. Je ne voyais pas les faiblesses, les mauvaises habitudes, etc. Ainsi, pendant cette période, j'ai jugé sévèrement mes autres collègues recruteurs, moins naïfs et plus perspicaces, au regard des limites qu'ils relevaient chez plusieurs de nos candidats ; je les trouvais négatifs. Plus encore, j'avais l'impression qu'à cause de mes collègues, nous perdions de bons candidats, voire des talents exceptionnels. Or, après m'être trompé de nombreuses fois en découvrant que mes super-candidats avaient, finalement, plusieurs failles ou défauts auxquels je n'avais pas fait attention, j'ai décidé de toujours impliquer une seconde personne dans mon processus de sélection ; quelqu'un qui me complète et qui a un regard différent sur le monde. D'autant que nous avons tous besoin de regards croisés.

Finalement, je suis passé de « Tout le monde est beau, tout le monde a du talent. » à « Tout le monde a du talent et des limites ». Depuis ma prise de conscience, ma vision du monde s'est élargie sans me faire faire l'économie de décisions critiques et pragmatiques.

Chose certaine, si je crois que « tous les jeunes de la génération Y se po-gnent le beigne », c'est assurément ce que je vais voir. Et c'est normal, car il y a en effet des jeunes qui se tournent les pouces. D'autres, au contraire, sont proactifs. Et, dans chacun d'eux, il y a un peu de l'autre aussi. Or ma croyance ne m'amènera à voir que les premiers. Et c'est ainsi que, comme leader, pour le meilleur et pour le pire, je prends des décisions basées sur mes croyances et ce que je crois être la réalité.

Pourtant, nous devrions nous habituer à dire non pas « Les jeunes ne veulent pas travailler… », mais plutôt « *Je crois* que les jeunes ne veulent pas travailler ». Cette simple formulation me permettra de sortir des soi-disant vérités.

J'ai vu passer nombre d'employés ayant un talent pour le développe-ment des affaires ; ils étaient de bons vendeurs potentiels. Mon entre-prise en aurait certes tiré profit, et ils auraient eux-mêmes été heureux dans l'exploitation de leur talent. Mais à cause de l'opinion négative que la société se fait des vendeurs, ces employés n'ont jamais voulu exploi-ter leur talent. Quel gaspillage ! À cause de leurs croyances, ces hommes et ces femmes se sont coupés d'une part importante d'eux-mêmes. Ils sont passés à côté de certains de leurs talents, car ils avaient peur du re-gard des autres. Et ils ont privé de croissance l'entreprise.

En tant que leader, mes croyances peuvent m'empêcher de voir le po-tentiel de certains de mes employés. Et si je nie leur potentiel, je nuis à la performance de mon organisation.

Échapper à ses croyances exige du courage, celui de se libérer du regard de l'autre, de manière à ne pas être esclave des opinions d'autrui et de ses attentes. On y arrive par une meilleure connaissance de soi, ainsi que par une plus grande acceptation de la personne qu'on est, ce qui engendre na-turellement une plus grande confiance en soi. Lentement mais sûrement, être bien avec moi-même me préoccupe davantage qu'être bien aux yeux de l'autre. Vous en sentez-vous capable ? Vos croyances vous nuisent-elles assez pour que vous tentiez de vous en affranchir ?

Pour moi, les croyances, comme les peurs, sont lourdes à porter. Comme si nous transportions sur notre dos un sac rempli de roches. Or il est essentiel à la tranquillité de notre être de «voyager plus léger». De plus, se libérer de certaines de nos croyances nous ouvre de nouvelles portes.

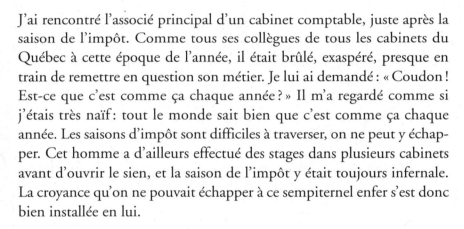

J'ai rencontré l'associé principal d'un cabinet comptable, juste après la saison de l'impôt. Comme tous ses collègues de tous les cabinets du Québec à cette époque de l'année, il était brûlé, exaspéré, presque en train de remettre en question son métier. Je lui ai demandé : «Coudon ! Est-ce que c'est comme ça chaque année ?» Il m'a regardé comme si j'étais très naïf : tout le monde sait bien que c'est comme ça chaque année. Les saisons d'impôt sont difficiles à traverser, on ne peut y échapper. Cet homme a d'ailleurs effectué des stages dans plusieurs cabinets avant d'ouvrir le sien, et la saison de l'impôt y était toujours infernale. La croyance qu'on ne pouvait échapper à ce sempiternel enfer s'est donc bien installée en lui.

Je lui ai posé une deuxième question : «Cela pourrait-il se passer autrement ? Est-ce vraiment une vérité absolue ? Ne serait-elle pas plutôt le fruit de votre perception toute personnelle de la réalité ? Enfin, ne serait-il pas super de pouvoir s'en affranchir et de bien vivre cette période de l'année ?»

L'idée a souri à ce comptable, bien qu'il demeurât sceptique, comme tous ses collègues du cabinet, d'ailleurs. D'autant que leur écœurement était tel qu'ils ont accepté de regarder la situation autrement ; de suspendre leur croyance voulant que le temps de l'impôt *doive* être infernal. Ils ont ensuite ouvert le dialogue et réfléchi ensemble à d'autres façons de vivre ce moment de l'année.

Par exemple, ils ont exploré de nouvelles façons de se répartir le travail, d'impliquer le personnel de bureau, de ponctuer cette saison intense de petits moments de repos, voire de fêtes, et ils ont revu leur relation avec leur clientèle. Mille et une petites choses, banales en elles-mêmes, qui, additionnées les unes aux autres, ont transformé leur façon de vivre cette période qu'ils croyaient être une fatalité.

Le fait d'avoir suspendu momentanément leur croyance, le temps d'essayer autre chose, celle-ci a été confondue et a disparu. Elle habite encore, malheureusement, plusieurs cabinets comptables, mais plus le leur.

Leurs saisons d'impôt ne seront plus jamais les mêmes. Ils sont sortis d'une vision exclusivement mécanique et exécutive du travail pour ainsi redonner un souffle de vie, de sens et d'humanité dans celui-ci. Ce qui était problématique, ce n'était pas le poids du travail, mais le fait qu'ils cessaient de vivre pendant plusieurs semaines ; comme s'ils prenaient une grande respiration au début de la saison de l'impôt et qu'ils n'expiraient qu'à la fin de celle-ci.

En effet, seriez-vous capable, à votre prochain saut dans un lac, de ne pas respirer avant d'avoir atteint l'autre rive ? J'en doute.

Mes connaissances

Je crois que le savoir et les connaissances sont essentiels pour sortir de la noirceur et mettre à profit son intelligence. Toutefois, nous sommes peut-être allés trop loin. Laisser entendre que « le savoir, c'est le pouvoir » nous a amenés à tant remplir nos cerveaux que cela nous a finalement nui. Pouvez-vous encore apprécier un morceau de musique ou un vin pour le plaisir qu'il vous apporte, sans connaître le compositeur ou le viticulteur qui l'a concocté ?

La plupart des leaders que j'accompagne, guidés par la croyance que « le savoir, c'est le pouvoir », ont accumulé les diplômes, visité nombre de pays, et plusieurs peuvent citer les grands auteurs. Ils savent distinguer un thé oolong d'un thé rooibos, et les nuances entre les cépages d'une même région.

Il est souhaitable d'avoir des passions. Or, ce n'est plus de passions dont il est question, mais bien d'ego. Quand vous me dressez la liste de vos savoirs, je vous entends dire : « Je sais donc je suis. » Comme si vos connaissances construisaient votre identité et votre valeur. Comme si le fait d'avoir lu les plus grands livres de management faisait de vous un grand manager ; quelqu'un de professionnel, de rigoureux, de spécial, qui a de la valeur. J'ai lu donc je suis !

IQ + EI (emotional intelligence)

Et vous, croyez-vous que tout votre savoir, vos connaissances, représentent totalement qui vous êtes ? Pour ma part, il ne s'agit que d'une petite partie, seulement.

Outre le temps et l'énergie consacrés à accumuler des savoirs, ce qui m'embête, c'est qu'on se valorise presque exclusivement à travers ceux-ci. Remarquez que c'est normal : c'est précisément ce qu'on valorise dans nos organisations. Quand je travaillais avec des collègues de la France et qu'ils me présentaient des gens, la deuxième question après « Que faites-vous dans la vie ? » était « Quelle grande école avez-vous faite ? ». En France, il semble qu'on trouve de grandes et de petites écoles ; le savoir est hiérarchisé. Ben coudon.

Ce sont principalement des éléments de savoir qu'on retrouve dans les compétences-clés recherchées pour un poste de gestion ou pour l'obtention d'une promotion. Qui peut penser devenir vice-président sans posséder un MBA ? Pourtant, on dit souvent qu'on embauche quelqu'un pour ce qu'il sait et qu'on le licencie pour ce qu'il est.

+ l'expérience
+ EI

Un piège nous guette : nos savoirs deviennent notre unique référence dans toutes les situations de la vie. J'ai un pépin ? Je vis une période difficile ? Je plafonne ? Alors, je cherche les réponses à toutes mes questions sur mon disque dur de **connaissances.** Devant une situation difficile avec mes fils, il peut m'arriver, puisque j'ai lu des livres et accumulé des connaissances, de puiser sur ce disque dur. J'y cherche une réponse toute faite, une réponse qui me vient des autres, des penseurs, des psychologues, des spécialistes de la gestion de l'adolescence.

Par exemple, mon chum, Jean, n'a lu aucun livre sur la question, d'autant qu'il n'est pas père. Et comme il ne valorise pas nécessairement le savoir, il me déstabilise à tous coups. Pendant que mon disque dur roule, Jean se réfugie dans son cœur et ses sentiments. La pertinence de son discernement me bouleverse souvent. En pensant à lui, je me dis que nous avons peut-être oublié que nous possédons déjà, à l'intérieur de nous, dans notre cœur, notre corps – certains diront notre âme – bien assez d'intelligence pour faire face aux situations de notre vie.

Je continue de penser que le savoir est utile. Mais Jean me montre la route pour puiser dans d'autres formes d'intelligence.

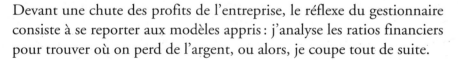

Devant une chute des profits de l'entreprise, le réflexe du gestionnaire consiste à se reporter aux modèles appris : j'analyse les ratios financiers pour trouver où on perd de l'argent, ou alors, je coupe tout de suite.

Et si, à la place, je m'inspire de la pensée de Jean (et de certains gestionnaires que j'accompagne et qui lui ressemblent, comme Ginette Bissonnette, dans le secteur de la santé, ou Normand Carrier, le patron du Réseau de transport de la Capitale), je peux aussi me poser ces questions : au-delà des ratios financiers, comment se porte mon organisation et, surtout, qu'est-ce que mon cœur et mon intuition semblent me dire ? Suis-je encore aussi motivé ? Mes équipes sont-elles aussi motivées ? J'écoute mon corps : ai-je de la souffrance ? Suis-je heureux ? Sommes-nous encore heureux de faire ce qu'on fait ?

Les réponses à ces questions seront mes meilleurs indicateurs pour aborder les problèmes fondamentaux qui guettent nos organisations, tels
que le manque de motivation et l'absence de joie ou de bonheur. C'est
ce que j'appelle « réfléchir par moi-même », ressentir, écouter.

Une fois que j'ai complété cette réflexion, il devient alors pertinent
d'analyser aussi les ratios financiers, évidemment. Prendre conscience
de notre réflexe à se référer à des modèles ou des savoirs est essentiel à
la direction de l'entreprise et à la pertinence de nos choix.

Par exemple, si je dis « Les profits ont chuté, donc je coupe », alors je
coupe un peu partout et j'ai un impact négatif immédiat sur la motivation de mes troupes et la mienne. Tandis que si j'avais pris le temps de
ralentir, de me mettre à l'écoute de ma motivation, celle de mes équipes
et de mes collègues, j'aurais peut-être saisi que c'était justement la cause
de la chute des profits. Au contraire, l'agitation vient finalement augmenter le problème réel, la perte de motivation collective et son corol-
laire, la chute des profits.

Les calculs mathématiques me permettent de réduire les pertes des pro-
chaines semaines, mais j'amorce alors une spirale vers le bas, à moyen et
à long terme.

Ici, encore une fois, on réalise que ce n'est pas une chose ou une autre,
mais bien une chose **et** une autre. Une écoute attentive de nos motivations et une bonne analyse de nos ratios financiers nous aideront à augmenter notre potentiel de succès. J'insiste sur cet aspect d'inclusion.

Je pense néanmoins que les leaders qui viennent dialoguer dans mon
salon ont eux aussi frôlé (ou atteint) les limites de la connaissance, ou
plutôt de ce que celle-ci peut leur apporter à cette période de leur vie
personnelle et professionnelle. Ils ont accumulé de grands savoirs, mais
ils ne se sentent pas plus tranquilles intérieurement. Et malgré leurs
connaissances, ils se sentent à peine plus confiants devant les obstacles
de la vie.

Peut-être par manque de confiance en soi ou en raison d'un vide qu'on ressent, on a l'impression que ce vide sera comblé par les connaissances. On se retrouve donc bourré de savoirs, mais souvent plus vide qu'avant. Tout le temps que nous avons consacré à accumuler des connaissances, nous ne l'avons pas consacré à développer d'autres formes d'intelligence.

Ainsi, je vous propose ici de faire comme avec un disque dur qui, trop rempli, accuse une lenteur exaspérante, et de procéder à un ménage des fichiers. Ai-je encore besoin de toutes ces connaissances ? Soyez aussi plus vigilant et évitez de surcharger votre disque dur.

J'accompagne une femme exceptionnelle, gestionnaire dans le secteur de la santé. Elle vient me voir, fatiguée, avec un sentiment de ne pas être à la hauteur. Elle a une relation difficile avec son patron. Une relation qui, pourtant, a déjà été facile. Ses employés, quant à eux, se plaignent de sa dureté, disent à quel point elle est « contrôlante ». Elle est une femme dévouée, animée de bonnes intentions, mais elle est triste. Elle souhaite que ses équipes se sentent bien, mais elle veut aussi qu'elles performent. Devant ce sentiment d'ambivalence, elle a entamé un MBA. La direction des ressources humaines insiste aussi pour qu'elle suive d'autres cours. Ainsi, deux fois par semaine, elle termine ses journées à 22 h, après trois heures de cours.

Je lui demande : « Nomme-moi une de tes passions. » Elle répond : la photographie. Pour ma part, je lui ai dit que je devinais chez elle un immense potentiel de douceur derrière sa carapace de gestionnaire solide. Ça l'a un peu secouée et elle m'a alors répondu : « Il me semble que *j'ai déjà été* une femme douce. » Dans la foulée, je lui ai proposé de ne pas se réinscrire à l'université l'automne suivant et de prendre une pause de tout cours pendant un an ; d'acheter un appareil photo et de faire de la macrophotographie pour contempler davantage la beauté des petites choses.

La suite a été extrêmement difficile pour elle. Elle a en effet subi énormément de pression des autres étudiants au MBA, qui ne voulaient pas qu'elle les laisse tomber. Elle a également dû affronter ses patrons, qui n'aimaient pas du tout ma suggestion, ainsi que les foudres de son père : « Ma fille, on ne lâche pas un truc comme ça, en plein milieu. » Mais elle l'a fait quand même.

Je l'ai amenée à s'engager à réserver le même nombre d'heures à la photo qu'à son MBA. Ce passe-temps lui a permis de ralentir au point de reprendre contact avec la nature, qui lui a donné accès à la beauté, à la force de la création et qui l'a remise en contact avec sa douceur. Cette partie d'elle-même qu'elle avait oubliée a refait surface, et elle l'a réintégrée non seulement dans sa vie personnelle, mais aussi dans sa méthode de gestion.

Nous nous sommes revus quelques mois plus tard. Elle m'a dit avoir retrouvé la joie, la créativité. De plus, elle a eu le courage de confier à ses équipes qu'elle s'était éloignée d'elle-même, qu'elle était une fille douce et qu'elle comprenait que personne ne l'ait remarqué, puisqu'elle avait conscience de ne plus puiser dans sa douceur pour diriger son équipe.

Quand je lui ai demandé si elle pensait poursuivre son MBA, elle m'a répondu ceci en substance : « Arrêter les études a été le plus beau cadeau que je me suis fait, et il n'est pas question que je passe une heure de plus à tenter de développer mes faiblesses et à accumuler des savoirs. J'étais prise dans une folie où tous mes collègues faisaient des maîtrises ou des doctorats ; c'était apparemment ce qu'il fallait faire. Je ne détestais pas l'idée, mais la photographie m'a permis de me rencontrer moi-même et de mieux reconnaître le leader que je suis. Je demeure une leader assez contrôlante, mais avec douceur. Je m'aime davantage, et plus personne ne se plaint de moi. On dirait que la vie me donne une seconde chance, alors je la saisis. »

Nous n'avons parlé que du savoir. Or, il n'y a pas que lui sur notre disque dur. On y trouve aussi de l'information. Qu'est-ce qu'on a peur de ne pas être au courant d'une nouvelle ! Encore une fois : je sais donc je suis. Encore une fois : l'ego. *et l'intelligence*

Il y a plusieurs années, on a demandé à des PDG québécois de ne pas écouter les nouvelles pendant trois mois. Aucun contact avec les médias. L'objectif consistait à vérifier si les médias influençaient le jugement des gestionnaires concernant les questions d'ordre social, économique, etc. Après trois mois, ces PDG ont tous été interrogés sur des sujets d'actualité. Comme j'étais moi-même fasciné par cet exercice, j'ai tenté l'expérience de mon côté : cela a été hyper difficile de ne pas succomber à la tentation de regarder les grands titres de mes deux quotidiens et de mon hebdomadaire, de changer de chaîne de télé quand apparaissaient les nouvelles et de remplacer la radio par des CD. Je me revois encore, alors que j'attendais en ligne au supermarché, me tordre le cou pour tenter de lire du coin de l'œil les gros titres à côté de la caisse ! J'étais dépendant à l'info comme on peut l'être du café… ou des ratios.

Doucement, ce régime m'a apaisé. Premier gain inouï : **je récupère du temps.** Dorénavant, le matin, j'écoute de la musique que j'aime ou je savoure le silence. Je peux aussi bavarder avec mes fils au lieu de lire le journal et ses nouvelles datant de la veille au soir. Dans la voiture, plutôt que d'écouter la radio, je suis en contact direct avec moi-même. Le soir, en arrivant, je prends du temps de qualité avec mes fils plutôt que de relire un éditorial ou écouter le téléjournal.

J'ai pris conscience du nombre de minutes que je perdais à me remplir d'information répétée dans le journal, à la radio et, le soir, à la télé. D'autant que, pendant la journée, de trop nombreuses personnes m'informent qu'un viaduc, par exemple, s'est écroulé en banlieue d'Ottawa. Onze fois à avaler la même info, c'est beaucoup !

En quoi toute cette information est-elle utile au bien de mon entreprise, sinon pour simplement me donner la frousse de passer sous un viaduc ?

J'ai pris conscience de ce temps considérable où je suis captif de l'actualité, de la non-pertinence de plusieurs nouvelles et, finalement, de l'énergie dépensée à gérer toute cette information. Par exemple, j'ai vu tous les reportages et écouté toutes les nouvelles pendant le génocide au Rwanda. Ça m'a coûté beaucoup de souffrance, un sentiment tellement invalidant.

Justement, un soir que j'étais rivé à la télé et impuissant devant le sort de ces Rwandais, un des mes fils s'approche de moi sur la pointe des pieds. « Papa, j'ai besoin de te parler », me dit-il. Je lui réponds : « Après le reportage, s'il te plaît. » Or, après le reportage, mon fils était déjà passé à autre chose et j'avais oublié sa demande.

Le lendemain matin, j'ai l'ai entendu raconter à sa mère que, la veille, un garçon de son école s'était suicidé. Quelle leçon de vie ! Brusquement, j'ai pris conscience que j'accordais une grande partie de mon attention et de mon énergie à des problèmes et des réalités sur lesquels je n'ai aucun pouvoir ou très peu ; plutôt que de réserver mon attention aux personnes de mon entourage et leur être vraiment utile.

Encouragé par ces trois constats : le temps que je gagne, l'inutilité d'une grande quantité d'informations et l'énergie que je peux consacrer ailleurs, je n'ai pas repris contact avec les médias pendant une longue période. J'ai consacré mon temps à des choses plus utiles, et mon énergie là où elle pouvait porter des fruits.

En effet, quand un leader en détresse m'appelle, voilà une information que je veux connaître, car je peux agir et sûrement être utile.

Cependant, mon choix, qui était pour le moins radical dans notre société de l'information, m'a également privé de reportages éclairants. J'étais donc tombé, encore une fois, dans le piège de « une chose ou une autre ». Les médias ou pas les médias. Aujourd'hui, j'ai acquis un certain sens des valeurs et des priorités ; je choisis de me mettre ou non en contact avec les médias, selon mes besoins d'information. Mais je ne suis plus bêtement le troupeau qui dit qu'un PDG doit être au courant de tout.

Équilibre !!!

Quand j'ai fait part à mes équipes de mon choix de me tenir à une saine distance de l'actualité, alors que j'étais président d'Adecco, Olivier, notre responsable des relations commerciales, a littéralement sauté au plafond. Il m'a dit : « Rémi, si un matin nous rencontrons IBM à Bromont et, n'ayant pas écouté les nouvelles la veille, tu n'es pas au courant que l'usine a été rachetée par un concurrent, par exemple, de quoi auras-tu l'air comme PDG ?

– J'aurai simplement l'air du gars qui n'a pas écouté les nouvelles hier soir parce qu'il était occupé à discuter avec son fils d'un décès survenu à son école », lui ai-je répondu.

Je l'avoue très candidement, depuis toutes ces années à être très peu en contact avec les médias, j'ai parfois eu l'air fou. Mais ai-je perdu de la crédibilité ? Si oui, que dois-je valoriser ? Savoir que l'usine de mon client IBM Bromont a été vendue peut m'amener à prendre le téléphone et à l'appeler pour savoir comment il se porte, d'autant que ça peut être utile, sinon apprécié. Le problème, c'est tout ce que je me suis tapé, dans ma semaine ou même mon mois, pour obtenir une information utile et pertinente !

J'ai appris récemment que la technologie permet de demeurer à l'affût de certains sujets et thèmes qui nous intéressent pour ne recevoir que l'information vraiment utile. Il m'est donc possible de reprendre le contrôle de mon temps, à défaut de pouvoir parfois l'arrêter. Et je suis sorti de la croyance « Je sais, donc je suis ».

Certains de mes amis m'ont dit que je me déresponsabilisais des grands problèmes mondiaux en n'étant plus en contact avec les médias. Je suis tout à fait d'accord avec eux, et leur constat m'habite encore. Toutefois, je me rends compte que j'ai un niveau d'attention limité et j'essaie de le conserver pour me mettre au service des gens présentant des problématiques sur lesquelles je peux agir localement.

Lorsque mes fils auront quitté la maison ou que j'aurai ralenti sur le plan professionnel, peut-être investirai-je du temps pour savoir ce qui se passe ailleurs, car à ce moment-là, j'aurai même le loisir de prendre mes valises et d'aller offrir mon temps.

Mes peurs

Pendant plusieurs années, j'ai refusé de regarder mes peurs en face. Mes peurs d'échouer, de me tromper, de ne pas être à la hauteur, de ne pas être aimé, ou de ne pas être au courant de toutes les nouvelles, etc. Un gars du Saguenay n'a pas peur, voyons ! Avoir peur, c'est être faible, me disais-je.

Tant et aussi longtemps que j'ai considéré mes peurs comme des faiblesses, je suis demeuré dans le déni de ce que je ressens vraiment. Ce faisant, ces peurs me menaient par le bout du nez. Par exemple, alors que j'avais inconsciemment peur de ne pas réussir à convaincre un client potentiel de travailler avec nous, j'argumentais à outrance plutôt que de m'intéresser à lui et à ses besoins. Être conquis par sa peur crée parfois de telles situations.

Le jour où j'ai compris que mes peurs pouvaient devenir mes alliées, je me suis mis à les voir, ou plutôt à les observer, voire à les accueillir sans jugement ; à recevoir ma peur comme une information pertinente qui peut m'être utile. Par exemple, prendre conscience que le feu est pris au fond de la salle vous incitera à tenter de l'éteindre ou à vous sauver. Nous serions d'ailleurs probablement déjà tous morts si nous n'avions jamais écouté notre peur de nous faire frapper en traversant la rue. De fait, en se manifestant, la peur vous dit : « Ne faites pas ça à ce moment-ci, ce n'est pas une bonne idée. »

Accepter votre peur, cela fait aussi partie du courage d'être vous-même, d'autant que tous les humains ont des peurs. Il vous incombe alors, au regard de votre histoire, de l'accueillir comme une partie de ce que vous êtes. Ni plus ni moins.

Dès que vous oserez nommer une peur, vous la tiendrez à distance ; vous ne serez plus votre peur. Il s'agit pour moi d'une autre façon de remettre la main sur le gouvernail de sa vie. Dès lors, vous vous mettrez à agir, non pas en étant dominé *par* votre peur, mais *avec* votre peur, parce que celle-ci vous procurera une information pouvant vous être utile.

Il vous est sûrement déjà arrivé d'avoir eu très peur, mais de ne pas en avoir parlé. Puis votre peur a grandi. Elle est devenue tellement insupportable que vous l'avez finalement partagée avec votre entourage. Que s'est-il passé à ce moment ? En la sortant de votre système, vous avez pris conscience que votre peur n'est pas si grande que ça et qu'en fait, vous vous étiez imaginé un gros fantôme ! Puis, votre peur s'est apaisée.

Les gens de mon entourage à qui, parfois, je confie ma peur me disent souvent : « Oui mais, Rémi, il te manque telle ou telle info. Tu as peur pour rien. » Or imaginons que nous décidions d'aller voir les baleines au large de Tadoussac sur un petit bateau. J'ai peur, mais je ne le dis pas. Avant de monter, j'avoue finalement ma peur et on me répond : « Sais-tu qu'il y a des vestes de sauvetage, que le capitaine est un des meilleurs de la région et qu'aujourd'hui les vagues ne sont vraiment pas hautes ? »

Si, après voir entendu ces précisions, j'ai encore peur, alors peut-être, derrière cette peur, se cache-t-il le pressentiment de quelque chose. Peut-être mon intuition me dit-elle : « N'y va pas, ce n'est pas la bonne chose à faire, pas la bonne journée. » Et je peux, donc, suivre la voie que m'indique mon intuition. Ou bien ma peur aura fondu, je serai rassuré et j'irai en excursion.

Ma peur est une alliée, car elle est source d'information. D'ailleurs, un jour, alors que mon entreprise projetait une acquisition, ma peur s'est soudainement manifestée. Je l'ai d'abord perçue comme étant une faiblesse, soit la peur de ne pas être à la hauteur devant le défi d'acheter une entreprise plus grande que la nôtre. Néanmoins, je n'ai rien dit et nous avons acheté cette boîte. Or… cela s'est avéré un fiasco. Non pas parce que je n'étais pas à la hauteur, mais parce que cette boîte était minée de l'intérieur. La propriétaire, voulant vendre depuis des années et désirant présenter les meilleurs résultats, avait cessé d'investir dans sa compagnie. Et la philosophie de son entreprise engendrait des rivalités intestines. Voilà comment ma peur aurait pu se transformer en alliée, à condition, bien sûr, de l'avoir accueillie et reconnue pour ce qu'elle est vraiment et ce qu'elle me dit de manière éloquente.

En effet, il serait triste, voire idiot, de vous priver de cette inestimable source d'information et de tranquillité que constitue la peur.

Récemment, alors que j'étais en contact avec un réseau de directeurs généraux à échanger des idées au sujet des peurs, un des gestionnaires m'a demandé : « Comme leader, comment arrive-t-on à avoir moins peur ? »

Puisque j'aime répondre avec des histoires aux questions qui me sont posées, j'ai cherché dans mes souvenirs un moment où, comme PDG, j'ai eu peur de quelque chose, puis moins peur. Mais l'anecdote qui m'est finalement venue à l'esprit n'avait rien à voir avec mon époque en tant que président ; elle remontait à bien plus longtemps.

Quand nous étions enfants, mes parents avaient un « camp » dans le bois, avec une « bécosse » derrière, à 100 pieds du chalet. La nuit, quand je me réveillais pour aller aux toilettes, j'avais drôlement peur. Je mettais 45 minutes à m'y rendre… et 14 secondes pour en revenir ! J'avais l'impression que la toilette était à deux kilomètres du chalet.

En revanche, lorsque, par bonheur, ma sœur se réveillait en même temps que moi et m'accompagnait, nous avions l'impression que la toilette était à 1,2 kilomètre du chalet, et nous mettions 30 minutes pour nous y rendre. Mais toujours 14 secondes pour en revenir! Nous avions un peu moins peur.

Lorsque, par un bonheur encore plus grand, nous faisions claquer la porte et que tout le monde se réveillait, nous n'avions, alors, pratiquement plus peur d'aller aux toilettes. Et devinez à quel moment nous n'avions plus peur du tout: quand mon père allumait le fanal ou lorsqu'il faisait jour.

J'ai trop longtemps sous-estimé l'enseignement extraordinaire de cette anecdote: **on a moins peur ensemble et lorsqu'on est dans la lumière.**

En quoi la vie dans nos entreprises est-elle différente de la vie en général? Transposons mon enseignement du chalet familial dans un comité de direction. Ainsi, partager mes peurs, avoir une conversation à leur sujet a pour effet, chez moi, que je ne me sens plus seul. Nous sommes ensemble avec cette peur.

Plus précisément, être dans la lumière signifie être dans le vrai, dans la transparence. Mes amies femmes appellent ça « se dire les vraies affaires ».

Les comités de direction ne sont pas très transparents

Il y a quelques semaines, j'étais dans une entreprise que j'accompagne dans sa démarche. L'atmosphère était tellement tendue que j'aurais pu fabriquer des igloos avec l'air! On sentait la lourdeur, une loi du silence, des non-dits, chacun ayant peur de je-ne-sais-quoi. Peut-être peur de perdre son emploi. En somme, il y avait une dizaine d'êtres humains absolument seuls dans un même espace. Ce n'est pas ce que j'appelle être ensemble dans la lumière.

oui

Combien de comités de direction ont choisi une orientation, ont embarqué dans un projet dont la majorité des participants, en silence, doutaient de la pertinence? De fait, six mois après une telle initiative si peu populaire, on frappe souvent un mur. Du moins, pour ma part, chaque fois que je n'ai pas écouté mes peurs, bang! j'ai foncé dans un mur.

Et vous, de quoi avez-vous peur? Quels sont les pressentiments qui se cachent derrière vos peurs? Les avez-vous partagés?

La peur est une forme d'intelligence. Rentrez en contact avec elle et, *Vraiment?* surtout, partagez-la avec votre équipe. Comme j'aurais dû le faire avant de réaliser l'acquisition dont je vous ai parlé précédemment, puisque ma peur cachait finalement un malheureux pressentiment. *Peur et/ou pressentiment?*

J'ai aussi réalisé que tant que je n'étais pas prêt à m'avouer mes peurs, je n'étais pas prêt à découvrir celles des autres. Combien de fois mes collègues m'ont exprimé leurs craintes, leurs doutes et je n'ai rien voulu entendre! Je leur répondais: «Vous avez tout simplement de la difficulté à gérer le changement.» Que de belles occasions j'ai perdues pour éviter des erreurs!

Pour ma part, les choses dont j'ai eu le plus peur dans ma vie ne me sont jamais arrivées. Et, ironiquement, les choses qui me sont arrivées, je ne les avais même jamais pressenties.

Il y a probablement différentes façons d'aborder les peurs. Essayer de les vaincre, de les ignorer ou de les transcender. Pour ma part, à ce moment-ci de ma vie, j'essaie plutôt de les accueillir, de dialoguer avec elles; je dirais même « danser » avec elles. J'essaie de les prendre comme compagnes plutôt que comme des ennemies à combattre. Cela implique de les laisser parfois me devancer, mais à d'autres moments, de ne pas les suivre du tout. Cette nouvelle approche me permet de reprendre le gouvernail de ma vie, de mes actions, et ce, avec ma peur comme élément d'information. Et doucement, j'ai de moins en moins peur.

Mes étonnements et mes intentions

Franco Dragone est un créateur très sollicité. Il a collaboré, entre autres, avec le Cirque du Soleil. Lorsque j'ai eu le bonheur de le rencontrer, je lui ai demandé : « Pourquoi les gens aiment tant travailler avec toi ?

— Probablement parce que mes projets sont remplis de sens.

— D'où vient ce sens ?

— De mes intentions, a-t-il répondu sans même réfléchir.

— Et tes intentions, ai-je poursuivi, d'où viennent-elles ?

— De mes étonnements, de choses qui m'ont indigné, bouleversé, émerveillé. Voilà ce qui teinte les projets ou ma façon de les vivre », a-t-il conclu.

Prenons le « Potager des visionnaires », que Dragone a créé sur le toit du Musée de la civilisation, à Québec. Il aurait pu se contenter de concevoir un beau jardin ou simplement une exposition, ou un « spectacle son et lumière », et cela aurait été bien ainsi. Mais Franco a plutôt choisi de faire un potager... Imaginez ! « Pourquoi un potager ? » lui ai-je demandé. Il nous a raconté combien il est étonné de voir à quel point, en Occident, on ne parle que de pénurie – de main-d'œuvre, de ressources, etc. –, tandis qu'on vit dans un monde d'abondance. De l'étonnement de mon ami Franco est née une intention : pouvoir faire ressentir, ou prendre conscience, que nous sommes dans un monde d'abondance. Quelle plus belle démonstration d'abondance y a-t-il que ces petites graines qui produisent de si grandes feuilles et de nombreux fruits !

Tout l'été, en explorant les toits du Musée de la Civilisation, les visiteurs ont pu jouir des fruits de ces semences. Une abondance de fleurs et de légumes. Au-delà de la beauté du potager, ils sont repartis nourris de ce sentiment d'abondance. Voilà ce qui a donné un sens au projet de Franco Dragone.

Mes intentions et mes étonnements parlent de moi. Quels sont les vôtres ?

Prenez quelques minutes pour réfléchir aux **3 choses** qui vous ont le plus étonné dans votre vie :

– Quelle est celle qui vous a le plus indigné ?

– Quelle est celle qui vous a le plus bouleversé ?

– Quelle est celle qui vous a le plus émerveillé ?

Revenez à l'émotion que ces choses ont fait naître en vous et aux intentions qu'elles ont suscitées de votre part. Par exemple, un de mes clients à qui j'ai posé ces questions a pris conscience, plusieurs années plus tard, combien le suicide de sa belle-sœur l'avait bouleversé. Et à quel point ce bouleversement explique pourquoi, aujourd'hui, il est si impliqué dans un Centre de santé et de services sociaux, où il se dédie principalement à la cause de la dépression et du suicide. Son bouleversement avait fait naître une intention qui l'a poussé inconsciemment vers ce centre.

Lorsque quelque chose vous indigne, mais que vous ne réagissez pas, vous accumulez du ressentiment envers la cause de votre indignation ainsi que le sentiment de n'avoir rien fait, de ne pas avoir contribué à la vie. Or, si vous prenez conscience de votre indignation, vous pourrez la transformer en intention que vous pourrez réaliser dans l'action. Par exemple, une jeune fille qui, plutôt que de demeurer dans l'indignation face à la maladie de sa mère – car en vouloir à tout le genre humain n'apporte rien de bien constructif –, transforme ce ressentiment en intention, celle de soulager la souffrance des gens malades. La jeune femme devient alors médecin.

On serait peut-être surpris à quel point plusieurs de nos choix sont influencés par des indignations ou des émerveillements passés.

Au moment de la discussion avec Franco Dragone, j'ai compris ce qu'il me disait à propos de son potager et du sens qu'il voulait y injecter, mais seulement… intellectuellement. Il m'a fallu quelques mois avant de l'expérimenter. C'est arrivé après une conférence que j'ai donnée avec mon ami Serge Marquis sur la peur de la mort et de la souffrance, le tort que celles-ci causent aux organisations. Pendant longtemps, à la fin de chaque conférence, je me demandais si j'avais été bon ou utile. Or, après celle-ci, je ne me suis rien demandé du tout. Cela n'avait aucune importance, puisque j'étais là pour une autre raison ; j'avais une autre intention.

Je venais calmer le bouleversement du petit garçon de neuf ans que j'avais été. Celui dont la sœur de 11 ans s'est noyée. Je voulais apaiser ce petit garçon qui a mis toute son énergie à tenter d'apaiser la souffrance de ses parents devant cette mort. J'étais indigné que mes parents veuillent mourir eux aussi. Le petit garçon que j'étais ne comprenait pas qu'on puisse vouloir mourir à la suite de la mort d'un proche.

J'ai inconsciemment porté en moi cette intention de vouloir aider d'autres personnes à mieux vivre le départ d'une personne qui leur était chère. Trente ans plus tard, me voilà en train de faire une conférence dont le but est d'aider d'autres personnes à donner un sens à la souffrance et à la mort. Imaginez le bonheur du petit garçon de neuf ans. Quelle libération ! Il devait d'ailleurs avoir hâte que le grand garçon que j'étais devenu se réveille et passe à l'action.

Le jour de cette conférence, j'ai eu le doux sentiment d'« être à la maison » à l'intérieur de moi. J'ai été guidé par mon indignation inconsciente qui, ultimement, a donné un sens à cette conférence. Et je sais que je n'ai pas fini d'explorer le thème de la mort et d'aider d'autres humains à l'explorer aussi. Tout comme je sais que je veux aider les humains à réduire leur souffrance et augmenter leur bonheur. De mon indignation est née ma mission.

De votre côté, revenez aux trois questions proposées plus tôt – ce qui vous a indigné, bouleversé, émerveillé. Analysez vos réactions. Qu'avez-vous ressenti ? Du ressentiment, de la colère, de la tristesse ou de la joie ? Et si vos sentiments ont été négatifs, avez-vous cherché à vous en affranchir ? Considérez qu'à la lumière de cette nouvelle prise de conscience, vous avez une seconde chance. Revisitez ce qui vous a bouleversé ou blessé et choisissez, aujourd'hui, de transformer votre indignation en volonté d'agir. Vous trouverez alors mille et une façons de contribuer à votre épanouissement et celui d'autrui dans votre quotidien. Peut-être même cela vous amènera-t-il à changer de direction pour vous mettre au service d'une cause qui vous touche particulièrement.

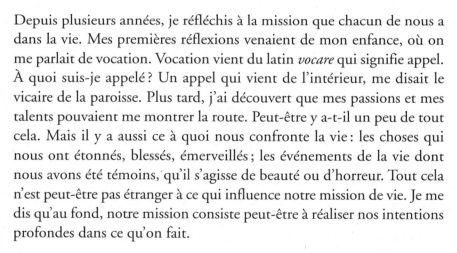

Depuis plusieurs années, je réfléchis à la mission que chacun de nous a dans la vie. Mes premières réflexions venaient de mon enfance, où on me parlait de vocation. Vocation vient du latin *vocare* qui signifie appel. À quoi suis-je appelé ? Un appel qui vient de l'intérieur, me disait le vicaire de la paroisse. Plus tard, j'ai découvert que mes passions et mes talents pouvaient me montrer la route. Peut-être y a-t-il un peu de tout cela. Mais il y a aussi ce à quoi nous confronte la vie : les choses qui nous ont étonnés, blessés, émerveillés ; les événements de la vie dont nous avons été témoins, qu'il s'agisse de beauté ou d'horreur. Tout cela n'est peut-être pas étranger à ce qui influence notre mission de vie. Je me dis qu'au fond, notre mission consiste peut-être à réaliser nos intentions profondes dans ce qu'on fait.

J'ai longtemps accordé beaucoup d'importance au métier que je pratiquais, comme le fait de diriger une entreprise, de faire du recrutement ou d'accompagner des leaders. Je réalise finalement que le fil conducteur de mes « métiers » est d'aider les gens à vivre des passages, des deuils.

En effet, un recruteur voit souvent passer des gens qui laissent un emploi pour un autre. Or, aujourd'hui, j'accompagne des leaders qui vivent des changements. Ces réflexions m'ont amené à conclure que je pourrais réaliser mon intention d'aider les gens à vivre leurs passages de façon moins douloureuse ; en étant serveur dans un café, par exemple. Il est clair que, chaque jour, passeraient dans ce café des gens qui ont déménagé, perdu leur emploi ou un contrat, rompu avec leur conjoint, etc. Qu'ils m'en parlent ou non, j'aurais été présent, pendant quelques minutes de leur journée, pour leur apporter de la joie et de l'écoute.

En effet, alors qu'il y a des serveurs de café qui se contentent de propager les ragots du village en servant le café ; il y a ceux qui écoutent et qui sourient. Pour ma part, je serais certes celui qui sert le café avec une attention particulière à ceux qui vivent un deuil, une transition. Il m'arrive même de rêver que chaque serveur de café réfléchisse à ses motivations intérieures (intentions) et devienne le serveur de café qu'il est ; ses journées, comme celles de ses clients, seraient plus riches.

Mon intention d'aider des gens à mieux vivre leurs deuils peut donc se concrétiser en exerçant plus d'un métier. Et vous ? Comment votre travail peut-il devenir un lieu où réaliser vos intentions profondes ?

Dans un de mes groupes de discussion, une cadre m'a avoué son émerveillement devant le fait d'avoir donné la vie. Nous avons exploré ensemble cet émerveillement pour le transposer dans son travail. En fait, cette dame est pleinement elle-même lorsqu'elle aide les autres à « mettre au monde » leurs idées, leurs projets. Elle fait partie de ces gens qui sont doués pour « faire arriver les choses ». Imaginez comme son organisation a de la chance ! Et combien cette dame s'accomplit encore davantage depuis qu'elle a découvert ce qui la nourrit. Son travail a un sens, et c'est bon pour elle comme pour son organisation. Elle aurait certainement pu être infirmière en obstétrique, mais elle n'avait pas la vocation pour le monde de la santé. La voilà « sage-femme » à sa manière, en conformité avec ses intentions et valeurs, dans une entreprise qui profite de sa créativité !

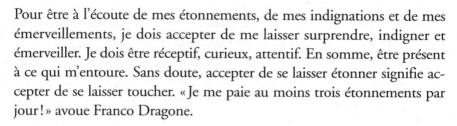

Pour être à l'écoute de mes étonnements, de mes indignations et de mes émerveillements, je dois accepter de me laisser surprendre, indigner et émerveiller. Je dois être réceptif, curieux, attentif. En somme, être présent à ce qui m'entoure. Sans doute, accepter de se laisser étonner signifie accepter de se laisser toucher. « Je me paie au moins trois étonnements par jour ! » avoue Franco Dragone.

Que faites-vous de vos indignations ?

Vous avez deux choix : vous les transformez en ressentiment et, lorsqu'elles deviennent envahissantes, impossibles à contenir, vous les jetez aux autres, ou encore, vous ralentissez et réfléchissez.

Qu'est-ce qui m'a indigné ?

Pourquoi cela vous indigne-t-il vous et pas votre voisin ? Certains diront qu'il n'y a pas de hasard. Que la vie nous donne des rendez-vous. Que se présente sur notre route tout ce que nous avons besoin pour apprendre, grandir, accomplir notre mission de vie. D'autres diraient au contraire que tout n'est que le fruit du hasard, et que notre façon de réagir à ce qui se présente à nous révèle qui nous sommes, ce qu'on porte en nous profondément, nos valeurs ou nos blessures. Pour moi, il y a sans doute un peu de vérité dans ces deux visions du monde. Il m'importe de moins en moins de savoir si ce qui se présente à moi est le fruit du hasard ou non. Ce qui m'importe, c'est ce que j'en fais. Ce qui m'importe, c'est d'accepter de me laisser toucher, quitte à changer le cours de ma vie, mes choix, ma façon de vivre.

Sortir de la dualité

Pendant des années, il y avait d'un côté les gentils patrons, comme moi, et de l'autre, les dictateurs. Les seconds m'ont longtemps indigné jusqu'à ce que je me demande pourquoi ils m'indignaient. J'ai finalement compris qu'à travers eux, c'est moi que je jugeais. Moi aussi, je suis capable d'être dictateur, j'ai cette fibre en moi, comme tout être humain, d'ailleurs. Cesser de m'indigner devant cette réalité et l'accepter en cessant, par exemple, de juger les leaders qui donnent des ordres a été bénéfique pour moi. En situation d'urgence, le dictateur en moi a déjà été très utile ; même le leader violent l'a été, une fois. Préserver cet espace de non-dualité m'a permis d'acquérir une sérénité. Je peux être une chose et, à un autre moment, son contraire, tout en restant en harmonie avec moi-même.

Bien sûr, je crois toujours qu'il importe de se connaître soi-même, ses valeurs, afin de ne pas se conformer aveuglément à des modèles. Mais ma réflexion m'amène à comprendre que je suis un être plus complexe que je le croyais. L'essentiel, me semble-t-il, est de discerner le comportement adéquat à adopter dans chaque situation.

Il ne faut pas s'enfermer dans les alternatives bien ou mal, beau ou laid. Une fois atteint l'état où je m'autorise à être une chose et son contraire, ce qui compte n'est plus tant de savoir lequel des deux je suis davantage, mais de choisir l'attitude adéquate pour une situation donnée. Par exemple, il y a plusieurs années, Rona nous confiait le mandat de recruter 300 employés en 12 semaines. Il était hors de question d'utiliser mon style de gestion habituel, soit ma technique de *brainstorming* avec mes équipes, sur notre approche et la façon dont nous voulions vivre le projet. Dans l'urgence, la dictature était de mise. J'ai mis tout le monde au boulot sans dire un mot !

Cessons de rédiger des codes d'éthique qui dictent les gestes à bannir et de lister les politiques applicables à tous en tout temps. Finalement, comme le dit Matthieu Ricard, moine bouddhiste qui a écrit *Plaidoyer pour le bonheur*, l'éthique est situationnelle. Devant une situation, on doit choisir le comportement approprié en fonction de son impact : créera-t-il du bonheur ou de la souffrance chez les autres et moi ?

Comme leaders, notre responsabilité est donc de réfléchir aux conséquences de nos décisions, de vouloir que celles-ci créent davantage de bonheur et moins de souffrance.

Sortir de ma dualité intérieure m'invite à sortir du duel avec l'autre. Combien de fois entendons-nous : « Je ne suis pas d'accord avec toi » ? Être d'accord ou pas, peu importe. Ce qui importe, c'est de partager nos points de vue jusqu'à ce que la solution optimale survienne. Récemment, j'ai animé une discussion que j'ai laissé tourner au débat. La discussion a pris la forme d'un débat interminable avec comme enjeu de déterminer si favoriser l'initiative constitue la responsabilité des patrons ou des employés. Après que mes interlocuteurs eurent précisé, à ma demande, ce que chacun d'entre eux trouvait intéressant dans le point de vue de l'autre, ils en sont rapidement venus à la conclusion que la responsabilité était conjointe. Ainsi, une nouvelle voie a émergé : une solution associant les bonnes idées des uns et des autres.

Combien de fois ai-je moi-même fait valoir obstinément mon opinion ? Pour qui ? Pour quoi ? Pour avoir raison, gagner ou me sentir plus intelligent ? Préoccupé par ce que j'allais rétorquer au lieu d'être à l'écoute des autres, je me suis privé de leurs points de vue. J'ai raté l'occasion de sonder l'opinion de ceux qui prennent rarement la parole, mais qui, eux, observent et voient ce que je ne vois pas. Dorénavant, je ne me contente plus d'écouter ceux qui lèvent la main pour parler, voire qui parlent sans la lever. Le plus souvent possible, je sonde également les silencieux, soit pendant les rencontres lorsque je les crois capables de s'exprimer devant les autres, soit de façon plus subtile, dans un corridor par exemple, lorsqu'ils risquent d'être trop mal à l'aise.

J'ai perdu trop de temps en ayant l'esprit obstrué par un jugement binaire basé sur le bien ou le mal. La vie est bien plus complexe. Il y a les facteurs humains *et* économiques, les employés *et* les patrons, la liberté *et* le contrôle, les *x et* les *y,* les républicains *et* les démocrates, etc., et, en moi, le gentil patron *et* le dictateur. Le moment est venu de passer du *ou* au *et,* d'inclure plutôt que d'exclure, de regarder ce qui nous rassemble plutôt que ce qui nous différencie, de passer du débat au dialogue, et, enfin, de sortir de sa dualité intérieure pour aller vers l'autre.

Bleu ou vert ? Tintin ou Capitaine Haddock ? *x* ou *y* ? Et si nous étions un peu tout cela ? Si nous nous réconcilions avec tous ces personnages qui se trouvent en nous ? Imaginez un instant tout ce que nous pourrions faire. Comme chaque cellule contient l'ensemble de notre code génétique, nous possédons aussi l'ensemble du grand code génétique de l'univers. « Je suis Hitler et Marilyn Monroe », a déjà dit Albert Jacquard.

―――

Ce qui importe à ce moment-ci de ma vie

C'est fou le temps perdu à discuter de futilités. N'est-ce pas le signe qu'on n'a pas pris le temps de réfléchir à nos priorités actuelles ?

Pensez à la dernière réunion du comité de direction à laquelle vous avez assisté. Combien de points à l'ordre du jour étaient vraiment stratégiques pour votre entreprise ? Ces trois heures passées en réunion étaient-elles vraiment utiles ? Ont-elles mené à une action concrète ? Si vous aviez consacré votre temps à autre chose, la Terre aurait-elle arrêté de tourner ? Non. Alors que se serait-il passé si cette réunion n'avait pas eu lieu ?

Pensez à votre gestion du temps : aux gens que vous fréquentez, aux tâches que vous accomplissez, à vos passe-temps. Quel pourcentage de ce temps consacrez-vous à ce qui a vraiment de l'importance à vos yeux ? Dans ce monde un peu mécanique, on devient parfois des automates. On accomplit les choses par devoir ou par habitude. Demandez-vous ce qui vous importe à ce moment-ci de votre vie ? Quelles sont les personnes qui comptent pour vous ? Certains n'aimeront pas cette question, mais combien de temps consacrez-vous chaque semaine à ce qui vous importe et à vous occuper de ceux que vous aimez ? Ces questions sont fondamentales autant pour soi, son couple, ou même pour un comité de direction.

Se mettre à réfléchir à **ce qui importe** et commencer à y consacrer du temps fait naître le sentiment que la vie a un sens. Alors s'installe la tranquillité. Même notre relation au temps change. Quant à moi, plus je consacre de temps et d'énergie à mes priorités, moins j'ai le sentiment de manquer de temps. Mes amis me disent d'ailleurs qu'ils ne m'entendent plus me plaindre que je n'ai jamais de temps.

Au fond, quand je dis, « je manque de temps », je sous-entends, « je manque de temps pour les choses qui m'importent ». Ce qui signifie que je suis beaucoup trop occupé à des futilités. La lecture et l'adoption de l'ordre du jour ; la lecture et l'adoption du dernier procès-verbal ; le suivi des dossiers qui concernent 2 membres sur 10 du comité de direction ; le partage des informations qu'on aurait pu lire dans un communiqué… Tout compte fait, nos comités de direction pourraient être rebaptisés des comités d'information !

À la maison comme au travail, le temps que je passe à me justifier, à démontrer que j'ai raison, à comparer la verdeur du jardin du voisin avec celle du mien, à parler des autres, à débattre de ce que le premier ministre ou l'entraîneur du Canadien devrait faire, à pleurnicher sur ma vie…

Il existe une hiérarchie des priorités.

Dessinez une pyramide et placez-y les gens qui comptent à vos yeux. Il faut choisir, tout le monde ne peut pas se trouver au sommet !

Calculez ensuite le temps que vous consacrez dans une semaine ou dans un mois à chacune de ces personnes. Vous comprendrez mieux pourquoi vous n'êtes pas en paix : vous ne respectez pas votre hiérarchie.

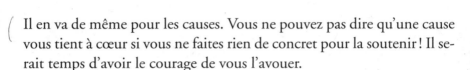

Il en va de même pour les causes. Vous ne pouvez pas dire qu'une cause vous tient à cœur si vous ne faites rien de concret pour la soutenir ! Il serait temps d'avoir le courage de vous l'avouer.

Au sommet de votre pyramide se trouve un petit triangle. Je vous propose d'y inscrire les mots « tranquillité intérieure ». Peu importe qui vous êtes et ce que vous faites, sans la tranquillité intérieure votre vie n'ira pas.

Où vous situez-vous dans votre pyramide ? Pour ma part, j'ai été absent de la mienne pendant des années. C'était une erreur. Prenez votre place dans votre pyramide. Comment être utile aux autres si vous ne vous occupez pas de vous-même ?

La hiérarchie et le contenu de votre pyramide peuvent changer. Ils *doivent* changer. Car il est question de ce qui m'importe **maintenant.** Il y a ce qui m'importe globalement et ce qui m'importe à ce moment-ci. Mes trois fils, mon chum et ma tante Francine peuvent toujours être au centre de ma vie. Mais un projet spécial peut monopoliser temporairement la majorité de mon temps. Il faut accepter que ce qui m'importe maintenant puisse changer sans perdre de vue ce qui m'importe globalement.

Et maintenant ?

Maintenant que je suis parti à la découverte de moi, la question n'est plus ce que je veux faire de ma vie, mais plutôt **ce que la vie veut opérer en moi.** Cela, en fonction de ce que j'ai découvert de moi (mes rêves, mes talents, mes peurs, etc.). Où et à quoi pourrais-je être utile ?

Et si ma mission était simplement de parcourir mes rêves, comme Daniel Gauthier, cofondateur du Cirque du Soleil, qui poursuit aujourd'hui le rêve de créer un projet récréotouristique d'avant-garde autour du Massif de Petite-Rivière-Saint-François, dans Charlevoix. Cela :

• en utilisant mes talents, comme Daniel, qui combine une vision éclatée et globale de grande envergure à une intelligence de l'action sur le terrain ;

- en veillant à être en harmonie avec mes valeurs, comme Daniel, qui privilégie l'authenticité, l'humanisme, le respect de l'environnement et la transparence avec la population de même que le bonheur au travail ;

- en écoutant mes peurs, comme Daniel et plusieurs PDG qui vivent avec la crainte d'échouer ;

- en me laissant inspirer par mes intentions, comme Daniel, qui, au-delà d'un site récréotouristique, veut créer un espace de rencontre pour les familles du monde entier.

Lorsqu'on a trouvé notre mission, comme Daniel Gauthier, tout ce qui importe pour nous s'incarne dans chacun de nos gestes. La mission de Daniel Gauthier n'est pas de bâtir un gros parc d'attractions au Massif de Petite-Rivière-Saint-François, mais bien de se réaliser à travers ce projet.

Un autre exemple : Daniel Morin, le cofondateur d'Entrac, spécialisée en santé et sécurité au travail, qui rêve, pour sa part, d'offrir à ses collègues un environnement leur permettant d'être heureux et d'évoluer, en faisant preuve d'une grande disponibilité aux autres. Malgré sa peur de ne pas toujours être parfait, il demeure le grand gardien de la cohérence entre la vision, les valeurs de la boîte et les gestes posés.

Enfin, Patrick Beauduin, du Groupe Cossette, s'est donné lui aussi une mission : offrir à ses créatifs un environnement plus propice à la création et à l'expression. Il poursuit cette mission avec beaucoup d'intelligence et une grande sensibilité ; surtout, avec un ego de plus en plus apaisé pour permettre à la création de s'exprimer avec respect, sans agressivité, donc dans un climat de complicité renforcée, de curiosité et d'intelligence humaine. Comme quoi un grand produit créatif peut voir le jour sans qu'on démolisse l'environnement humain.

Voici donc trois exemples de patrons en harmonie avec leurs rêves, leurs talents, leurs valeurs et leurs intentions profondes, desquelles est née leur mission respective.

J'ai longtemps cherché ma mission dans le *faire,* je l'ai finalement trouvée dans l'*être.* Ma mission est d'être qui je suis et de me mettre au service des autres, de la vie, avec le plus d'authenticité possible.

En osant être moi, je rétrécis la distance entre ce que je suis et ce que je voudrais être ; ce que je fais et ce que je voudrais faire ; entre ce que j'ai et ce que je voudrais avoir. Et je suis plus heureux.

Une autre dimension essentielle, l'écart entre ce que je veux faire et ce que j'ai l'impression de devoir faire en fonction de mon talent, de mes valeurs, de mes intentions… Pour ma part, je trouve plus de paix lorsque j'ai le sentiment de faire davantage que ce que je dois faire. Mais le summum de la paix, je l'atteins lorsque je concilie ce que je dois faire et ce que je veux faire.

Il vous reste donc à passer de « Je fais ce que je veux », à « Je fais ce que je dois faire en fonction de ce que je suis ». Pour ce faire, il faut réfléchir à nos talents, à nos valeurs, ainsi qu'à nos peurs… Tous ces éléments de notre identité nous indiquent notre route.

Un jour, alors que je remerciais avec une sincère gratitude Albert Jacquard pour venir encore travailler avec nous une semaine par année, malgré ses 80 ans, il m'a répondu : « Ce n'est pas un choix, c'est un devoir. Au regard de mes préoccupations quant à ce qui se passe dans le monde et du fait que j'aie des petits-enfants, je considère que je dois offrir le meilleur de moi tant que je pourrai. » Et il a ajouté : « Mais vous savez, ça ne me rend pas du tout malheureux. » Il a sans doute atteint cette sagesse où on veut simplement faire ce qu'on doit faire.

Du coup, vous deviendrez prévisible. Le moine Matthieu Ricard dit que les grands sages sont très prévisibles. Plus quelqu'un est en cohérence avec lui-même, plus il est prévisible.

Encourager un leader à être prévisible peut sembler révolutionnaire. On voit généralement le monde des affaires comme un champ de bataille où il faut feindre pour déstabiliser l'adversaire. Cet adversaire qui est parfois le patron, l'employé, le concurrent et même... le client!

Pourtant, demandez aux employés ce qu'ils pensent d'un patron prévisible. Ils adorent! Je me souviens d'un commentaire de la directrice du bureau d'Adecco à Vancouver : « Rémi, tu es tellement plein de surprises et de folie, je n'ai jamais si peu su ce qui allait m'arriver! Paradoxalement, je n'ai jamais été aussi sûre de la façon dont on gérera les choses qui arriveront. Je sais comment je serai traitée, quoi qu'il arrive. Depuis ton arrivée en poste, la façon dont les décisions ont été exécutées a toujours été cohérente. Je sais que si mon poste doit être remis en question ou aboli, nous en aurons discuté avant. La décision sera aussi adéquate à mes yeux qu'à ceux de l'entreprise et j'aurai le temps de trouver un autre emploi. » C'est un des plus beaux compliments qu'on m'ait faits.

Imaginez une organisation dont le mode d'opération et d'administration est complètement prévisible. Pensez à la paix qu'on doit y ressentir. Rien n'est permanent, certes. De plus, comme leader, vous ne pouvez promettre à aucun employé un emploi à vie. Par contre, ils méritent de connaître les valeurs qui guident vos décisions. Ils méritent que vous vous engagiez à ne jamais déroger de ces valeurs, peu importe les circonstances. Les gens sont intelligents, ils ne nous demandent pas de s'engager à ne pas éliminer de postes. Ils s'attendent plutôt à ce que, s'il y a récession, nous trouvions conjointement des solutions conformes aux valeurs communes. Voilà comment le courage d'être soi et la cohérence qui s'en suit créent la confiance et la paix dans une organisation. Osez l'inédit dans votre créativité, vos produits et vos façons de faire, mais soyez prévisible dans votre façon d'être.

La route vers la tranquillité n'est pas une ligne droite. Elle réserve parfois des surprises. Je pense à ce patron venu me voir pour que je l'aide à quitter cette organisation où il ne pouvait plus être lui-même. Je l'ai invité à réfléchir avant de passer à l'acte : « Ce serait bête que tu quittes ton emploi sans chômage ni indemnité de départ. Je te propose de cesser de faire ce qu'on attend de toi et d'être toi-même. Le pire qui puisse t'arriver, c'est qu'on te congédie, et tu veux partir de toute façon. »

Étonné, il a tout de même suivi mon conseil. Au bout de six mois, il a été promu. Six ans plus tard, il travaille toujours pour cette entreprise ! Que s'est-il passé ? Devenu lui-même dans ses relations avec ses collègues et ses patrons, ces derniers lui ont dit : « Mon Dieu que tu es clair. On sait enfin qui tu es et où tu t'en vas ! »

Cela dit, attention à ne pas confondre les gens qui se plaignent et revendiquent tout le temps et ceux qui osent être eux-mêmes. Avoir le courage d'être soi, ce n'est pas dire tout ce qui nous passe par la tête. En fait, plus on se connaît et moins on a de choses à dire, parce qu'on s'aperçoit qu'il y a très peu de talents, très peu de valeurs, très peu de causes pour lesquelles on est prêt à se battre.

Être soi-même amène la paix. Les gens qui se plaignent sans cesse ne sont pas en paix. Ils veulent imposer leurs valeurs. En fait, désorientés dans leur vie, ils projettent leur frustration sur l'entreprise et l'accusent de ne pas savoir où elle s'en va. Si vous ne faites que vous indigner sans jamais vous émerveiller, vous perdez toute crédibilité.

J'ai moi-même hurlé contre les leaders sans vision de mon organisation. Quand les insuffisances de nos patrons mettent en lumière nos propres insuffisances, il est temps de les regarder en face.

Une mise en garde : mon ego

Maintenant que vous avez le courage d'être vous-même, un piège vous guette : votre ego. Certains l'appellent orgueil, surmoi, etc. Pour ma part, je parle ici de cet enfant gâté, cette partie de soi-même qui concerne davantage l'image de soi qu'on projette – ou cultive – que l'essence de la personne qu'on est. En fait, l'ego est l'esclave de tous nos désirs, dont celui d'être parfait, indépendant des autres, unique, spécial. Il peut tout brouiller et vous empêcher de vivre en cohérence avec tout ce que vous avez découvert tout au long de ce chapitre.

Je crois que la plupart des malheurs des Occidentaux proviennent de leur ego. Dans les pays orientaux où le bouddhisme est répandu, l'ego semble moins présent ; à moins que les bouddhistes en soient simplement plus conscients que nous le sommes. En Occident, l'ego se nourrit de l'avoir, du faire et du paraître, qui sont des valeurs très répandues dans notre culture. Dans des pays où on se réalise moins dans le faire, l'être prend une place prépondérante. Et, comme nous l'aborderons plus loin dans ce chapitre, plus nous nous investissons dans notre être – c'est-à-dire dans ce que, individuellement, nous sommes, sentons, intuitionnons vraiment –, moins nous sommes soumis à notre ego.

Nous observons par ailleurs qu'à mesure que le niveau de vie de certaines villes d'Asie croît et que les habitants choisissent d'adopter les valeurs occidentales, l'ego se réveille. S'installe alors le désir de consommer pour étaler sa nouvelle richesse, ce qui induit une conséquence inévitable : la compétition, la comparaison, le désir d'avoir plus que l'autre.

———

Alors que nous étions en mission à Katmandou, au Népal, avec un groupe de dirigeants, notre guide, Tashi, avait une façon plutôt déstabilisante d'accueillir nos *feed-back,* du moins pour les Occidentaux que nous sommes. Par exemple, un matin, je lui mentionnais qu'au restaurant, la veille, la quantité de nourriture était à peine suffisante pour combler l'appétit de tous les membres de notre groupe. Il a répondu : « Parfait, je m'assure que, pour les prochains jours, cela ne se reproduise plus. »

Tashi ne semblait ni affecté, ni culpabilisé, ni troublé et il n'a cherché d'aucune façon à se justifier. Il ne s'est même pas excusé. Dans des circonstances semblables, je me serais confondu en excuses, espérant que les membres du groupe n'aient pas été trop affectés.

Quelques jours plus tard, j'ai félicité Tashi d'avoir démontré une attitude exceptionnelle lors de l'organisation de la marche en montagne de notre groupe. Or, il afficha le même détachement devant mes louanges que devant mes reproches de l'avant-veille. Pourtant, il aurait pu s'enorgueillir au point de vouloir en savoir plus, pour que je le complimente davantage. Pas du tout !

On pourrait imaginer que Tashi était imperméable aux compliments ou aux réprimandes, voire conclure qu'il était indifférent jusqu'à frôler la désinvolture en ce qui concernait notre manque de nourriture. Or, pas du tout ! Je crois plutôt que l'ego de Tashi, soit la part de lui-même qui s'abreuve de compliments et cherche constamment à se justifier devant les reproches, prend moins de place que le nôtre.

≈

Néanmoins, l'ego a probablement sa raison d'être, voire son utilité. Il sert, entre autres, à l'**intendance.** En effet, c'est lui qui me pousse à me lever le matin pour assumer mes responsabilités premières, qui sont de faire vivre ma famille et de ne pas être vu comme un fainéant. C'est aussi mon ego qui me commande de me laver pour offrir à l'autre une présence agréable et… désirable. Il m'incite également à payer mes factures à temps pour ne pas que je reçoive d'appel d'une agence de recouvrement. Enfin, c'est encore et toujours mon ego qui me pousse à recycler mes déchets, de manière à ce que je ne passe pas pour un inconscient des valeurs et impératifs écologiques de notre société.

≈

Cependant, il faut que chacun maîtrise son ego, l'empêche d'envahir sa vie. Ainsi, dès lors que vous aurez découvert vos peurs, vos talents et vos valeurs, et que vous commencerez à agir en fonction de ceux-ci, préparez-vous à affronter votre ego qui, sous le joug de la vanité, de l'orgueil et des conventions sociales, vous jugera sans ménagement.

À celui qui se découvre un talent pour la création, son ego dira : « Qu'est-ce que les gens vont dire ? Tu vas te planter, tu n'y arriveras jamais. » Et si vous réalisez que votre talent n'est pas d'être patron, votre ego affirmera sans remords : « Tu vas décevoir ton père : c'est ce dont il a rêvé pour toi depuis toujours. Puis il est si fier de toi ! »

Votre ego existe. Vous devez donc le nommer, au même titre que vos peurs, pour ne pas qu'il vous gère comme ces dernières. Toutefois, même lorsqu'on croit l'avoir maté, notre ego peut renaître.

Un jour, j'ai dit au père Yves Girard, un grand sage, aumônier du monastère de Saint-Benoît-Labre, dans la Beauce : « Avant, guidé par mon ego, je me demandais toujours si j'avais été bon en conférence. Aujourd'hui, je me demande si j'ai été utile. Je crois que mon ego s'est calmé. » Il m'a répondu avec un sourire en coin : « Mais Rémi, l'ego adore être utile !

– Sapristi ! Que me proposez-vous alors ? lui ai-je répondu.

– Un jour, après une de tes conférences, tu pourras simplement dire : **j'ai été.**

– Pas dans cette vie-ci, mon père, j'en ai bien peur ! ai-je rétorqué avec une quasi-conviction. »

Et pourtant, j'y suis bel et bien arrivé ! Souvenez-vous de la conférence que j'ai donnée avec Serge Marquis sur le thème de la mort et de la souffrance. Après celle-ci, je ne me suis posé aucune question. J'ai pris Serge dans mes bras et lui ai dit merci. J'avais le sentiment « d'être à la maison », de faire ce que je devais faire. Pendant ma conférence sur la mort, j'étais tellement dans l'essence qu'il n'y avait pas de place pour mon ego.

En effet, j'étais vraisemblablement moins sous le joug de mon ego qu'à l'occasion de mes autres conférences, puisque je n'ai pas de souvenirs particuliers de *feed-back* ou de compliments des participants après la conférence ; simplement un sentiment de bien-être intérieur qui subsiste toujours après toutes ces années, comme si quelque chose avait changé dans mon for intérieur. A posteriori, je peux dire aujourd'hui que j'avais le sentiment tout simple de contribuer à ce qui m'importait à ce moment-là : aider des gens que j'adore (les gestionnaires du secteur de la santé) à traverser leurs deuils, et ce, en collaboration avec mon grand ami Serge. Être en harmonie avec son essence est probablement le meilleur antidote aux excès de l'ego.

Alors que j'accompagnais un groupe de leaders à Paris, nous avons rencontré un prof d'histoire de l'art qui nous a installés devant un tableau horrible de Picasso, de 15 pieds sur 20 pieds. Il nous a posé la question suivante : « Qu'est-ce que vous voyez ? » D'emblée, certains ont répondu qu'ils voyaient un dessin informe et laid, tandis que d'autres ont manifesté leur admiration devant tant de beauté. Le professeur nous a posé la question plusieurs fois. Tranquillement, nous nous sommes mis à voir autre chose. Puis il nous a entretenus de Picasso. Il nous a expliqué à quel moment ce dernier a peint cette toile et dans quel contexte. Si bien qu'à un moment donné, ce tableau nous est apparu autre. Par exemple, pour ma part, ce que je trouvais très laid s'est métamorphosé en une toile que je voulais photographier pour en garder un souvenir à partager. J'y découvrais tellement d'intelligence.

 En somme, ce professeur voulait nous enseigner qu'il faut **savoir suspendre notre jugement.** Il s'agissait donc d'une autre invitation à adopter un nouveau regard ; celui du débutant, du novice qui regarde sans préjugés, sans a priori. En clair, le professeur nous invitait à laisser la toile, les couleurs, les formes nous parler leur langage et nous les faire aimer sans forcément les comprendre. Ainsi, il nous fallait apprendre à respecter une œuvre en faisant l'effort de ne pas, d'emblée, la qualifier, la catégoriser ou la hiérarchiser sur une échelle. Au contraire, nous devions tout simplement nous laisser toucher par elle ; développer une réceptivité, une disponibilité, voire une ouverture d'esprit qui prédispose à une (toute relative) objectivité devant tout objet. Bref, il nous fallait faire taire notre ego, nos croyances et nos préjugés.

Résultat de cette leçon d'histoire de l'art : plus jamais je ne consommerai les galeries d'art à folle vitesse. Ce professeur m'a fait prendre conscience que je passais devant des œuvres comme on peut passer devant des êtres humains, à commenter : je le trouve beau, je le trouve laid, je ne l'aime pas, etc.

Pourtant, il importe peu que je trouve un objet d'art beau ou laid. Ce qui compte vraiment, c'est ce que cette œuvre d'art m'apprend sur moi, ou ce que son auteur a voulu me dire.

J'ai récemment rendu visite aux gens du CSSS de Portneuf, à qui j'ai raconté l'anecdote de la peinture apparemment laide, pour discuter avec eux de l'importance de suspendre provisoirement son jugement au comité de direction. Quand je suis retourné à ce CSSS, trois mois plus tard, il y avait du nouveau dans la salle de réunion : un crochet auquel était suspendue une enseigne où on pouvait lire : « Crochet pour suspendre votre jugement. » Quelle belle façon de rester vigilant ! Quel bel aide-mémoire ! Quand un membre du comité de direction se met à juger et qu'il croise du regard le « crochet à jugement », il se souvient illico que **pour bien voir ce qui est devant soi, il faut savoir suspendre son jugement.** Ce qui équivaut à faire taire son ego.

Il ne faut pas confondre la voix de l'ego avec celle de l'intuition. La voix de l'ego est celle qui nous juge, tandis que l'intuition est la petite voix qui nous guide ou nous met en garde. Beaucoup de gens me disent à quel point ils sont intuitifs et qu'une petite voix les guide. Peut-être ont-ils raison, mais je pense malgré tout que, souvent, cette voix n'est que notre ego déguisé. Ainsi, pour entendre votre intuition, assurez-vous de faire taire votre ego, la petite voix en vous-même qui vous juge ou juge les autres. La voix de votre orgueil et non de votre raison, de votre intuition ou de votre cœur.

Combien de gestionnaires décident de ne pas postuler pour un poste, affirmant que leur intuition les informe que ce poste ne leur est pas destiné ? Au fond, pour plusieurs d'entre eux, ça n'a rien à voir avec l'intuition et tout à voir avec l'ego, qui a peur de ne pas être choisi, donc de vivre un échec devant tout le monde. Et, inversement, combien de dirigeants se voient à la tête d'une mégaorganisation et rêvent d'acheter leurs concurrents ? Il s'agirait alors, dans ce cas-ci, de leur intuition qui leur dit de foncer parce qu'apparemment il y aurait des « synergies » à l'horizon. En fait, il s'agit plutôt de leur ego respectif qui hurle à pleins poumons ses idées de grandeur.

Soyons vigilants et apprenons à reconnaître les semblants d'intuition. Aspirer à devenir le grand patron d'une boîte fusionnée n'est pas si grave en soi. Toutefois, ce qui l'est davantage, c'est de ne pas réaliser vraiment ce qu'on fait et d'être inconsciemment guidé par son simple désir, en croyant qu'il s'agit-là d'une pure intuition.

Il existe aussi les leurres de l'ego. Par exemple, à la fin de mes conférences, je n'ai en tête que la question « Ai-je été bon ? ». Ainsi, lorsque les gens viennent me voir après la conférence pour me parler d'eux, je ne peux les écouter vraiment. J'entre en contact avec eux simplement dans le but inconscient de savoir, par leurs commentaires, si j'ai été bon. En somme, je ne m'intéresse pas à eux, mais seulement à mon ego à travers eux.

Il ne s'agit pas, ici, de me culpabiliser d'avoir ce questionnement (« Ai-je été bon ? »), mais plutôt d'apprendre à le suspendre momentanément pour, après ma conférence, aller dans la salle et pouvoir rencontrer les participants avec le désir de les écouter vraiment. En fait, ce n'est que lorsque tout le monde est parti qu'il est opportun de satisfaire mon ego et de me jeter sur les feuilles d'évaluation pour savoir si, de fait, j'ai été bon! Du moins, si cela m'importe toujours.

L'ego vous dit: « C'est épouvantable la façon dont on t'a traité en réunion. » Et il vous fait dire ensuite: « On m'a fait ça… Je suis outré que… etc. » Or, bien qu'il vous faille dialoguer avec votre ego, vous n'*êtes* pas votre ego: vous *avez* un ego. Et il hurle sans arrêt: « Suis-je habillé de la bonne façon? Vais-je réussir ma présentation demain? Mon patron m'apprécie-t-il? Mes collègues réalisent-ils l'ampleur de ma contribution à ce projet? »

Notre ami Matthieu Ricard dit que « l'ego est comme une cible: plus il est gros, plus il est facile à atteindre. » J'ajouterais ceci: certains ego sont tellement démesurés que même les flèches qui ne leur sont pas destinées les atteignent!

Plus votre ego est petit, moins on peut l'atteindre et moins vous souffrez.

Pendant de nombreuses années, j'ai voulu être un patron parfait qui possédait toutes les qualités. Dès que je sentais une faiblesse, j'étais triste. C'est qu'à l'époque, je n'avais pas encore trouvé le talent qui caractérise le mieux qui je suis. Aujourd'hui, je connais mon talent et reconnais ne pas avoir les autres, bref, ne pas pouvoir avoir tous les talents. Or, apaiser ainsi mon ego me permet d'être davantage dans le moment présent. D'autant que l'ego est en colère contre hier et a peur de demain.

D'une part, il est en colère contre lui-même de ne pas avoir eu le succès escompté, de ne pas avoir été à la hauteur; il se culpabilise d'une chose et d'une autre. Il en veut aussi à ceux qui ont osé attenter à sa réputation ou lui manquer de loyauté. Et, d'autre part, il a peur de ne pas réussir encore plus et mieux demain ; peur de ne pas arriver à dépasser l'autre, à se payer la super-voiture qui le ferait bien paraître ; peur que son livre ne soit pas un *best-seller.*

Le meilleur espace de tranquillité se trouve **dans le moment présent.** C'est justement ce moment où je ne suis pas hanté par mes pensées d'hier, mes culpabilités, mes regrets, mes colères, ni préoccupé par mon prochain rendez-vous ou par les résultats escomptés de ce que je m'apprête à faire ou dire. Or, je trouve qu'il est très difficile de réussir à calmer ses pensées pour être vraiment présent à soi, ou à l'autre devant soi.

Pour arriver à être dans le moment présent, l'apprécier et y rester, il me faut considérer que la personne devant moi ainsi que ce qui se passe à ce moment-là importent plus que quiconque et n'importe quoi d'autre à ce moment précis. Sinon, mon esprit quitte le moment présent et vagabonde. Par exemple, lorsque je n'accorde pas assez d'importance à un collègue ou à certains thèmes discutés en comités, mon esprit vagabonde. Dès lors, deux réflexions s'imposent. Suis-je là où je dois être avec les bonnes personnes à parler de choses qui importent vraiment ? D'autre part, pourquoi est-ce que je n'accorde pas de valeur à ce collègue ou à ce thème ? Pourtant, lorsque je suis totalement investi dans un dialogue avec l'autre, que je lui accorde de la valeur, mon accomplissement est tellement plus grand !

Par exemple, je me souviens de cette rencontre avec un partenaire que je n'avais pas vu depuis six mois. Louis avait été très malade et j'avais hâte de le revoir pour discuter. Nous nous sommes rencontrés au Café Cosmos, sur la Grande Allée, à Québec. Quand nous sommes arrivés, le restaurant était vide et il l'était de nouveau à notre départ. Entre les deux, le lieu a bourdonné de l'activité du midi, mais nous n'en avons rien vu, totalement absorbés que nous étions par notre rencontre. En fait, deux fois seulement nous avons interrompu le cours de notre conversation ; la première, quand une connaissance est venue nous saluer, et la seconde, quand le serveur nous a apporté l'addition. C'est alors que nous avons réalisé que nous étions les derniers clients. En somme, nous avions suspendu nos ego à un point tel que le temps s'était suspendu lui aussi.

Que s'est-il passé comparativement aux autres rencontres où on est moins présent ? Qu'est-ce qui a permis cette présence ? Premièrement, j'étais tellement préoccupé de savoir comment allait Louis, comment il avait vécu sa maladie. À aucun moment, je n'ai été habité par la conférence que j'avais donnée le matin ou angoissé à l'idée d'oublier mes rendez-vous de l'après-midi. Je n'étais pas non plus occupé à entretenir mon réseau en saluant tout le monde qui entrait dans le resto. Je n'étais pas en train de penser à ce que je devais dire pour avoir l'air intelligent. Je n'avais aucun objectif, aucune stratégie, aucun impératif, simplement le désir de partager un bon moment.

Avec Louis, je ne me sens jamais jugé. Je sens que je peux être totalement moi-même et il me semble aussi que je l'accueille tel qu'il est. Bref, lorsque nous nous rencontrons, nos ego respectifs ne sont pas invités à table. Si bien que ces deux heures de pure présence à l'autre, passées au restaurant Cosmos, en valent 10 dans un autre contexte. Dans une telle situation, habiter le moment présent me comble de temps plutôt que de me donner l'habituelle impression d'en manquer.

Aussi, il me faut reconnaître que j'étais en présence de quelqu'un qui m'est très cher, à parler de quelque chose qui m'intéresse vraiment : sa santé, son bonheur. Donc, durant ces deux heures passées à table, rien d'autre ne m'importait davantage. Or, au contraire, si je dois travailler avec un collègue à qui j'accorde très peu de valeur, j'aurai de la difficulté à être vraiment présent dans le travail à accomplir avec lui. Pour arriver à être présent pendant nos rencontres, et éviter de penser à ce que je vais cuisiner pour le souper, il me faut donc découvrir cette personne sous d'autres aspects, si possible ses meilleurs. De cette manière, ce collègue prendra de la valeur à mes yeux.

jugement

Aujourd'hui, je peux rencontrer un client une seule fois, pendant deux heures, et cela suffit. Plus je m'apaise en m'enracinant dans le moment présent, plus je tais mon ego et plus j'habite mon emploi du temps de ce qui m'importe vraiment et de qui je suis essentiellement.

En effet, explorer cette vertu du courage d'être soi-même vous permet d'être avec les autres comme j'ai pu l'être avec Louis. Si bien que toutes vos rencontres — que ce soit avec votre fils, votre client, votre patron, votre comité de direction, votre voisin — peuvent être habitées, investies de la même façon.

Vous n'avez donc pas besoin de plus de temps. Il vous faut simplement habiter davantage celui dont vous disposez pour ce qui importe vraiment.

Cette voie que nous venons d'explorer, soit le courage d'être soi-même, vous a certainement causé beaucoup d'émotions et de remises en question. Et il est normal que vous n'ayez pas toutes les réponses ; je ne sais pas quand vous les aurez. Mais je peux vous assurer que chaque pas que vous faites sur le chemin de la connaissance et de l'acceptation de qui vous êtes vous mènera vers une vie plus douce, plus tranquille. C'est du moins, pour ma part, l'attitude que je privilégie au quotidien et qui me permet d'offrir le meilleur de moi-même. Je ne suis plus un patron parfait, mais le patron que je suis : une personne qui cherche de moins en moins à être quelqu'un d'autre, voire à jouer un rôle, d'autant que je découvre qu'être soi-même, c'est tellement bon !

L'humilité

Je vous préviens, ce chapitre sera plus exigeant que le premier.

Explorer son courage a quelque chose de glorieux. En effet, quand j'explore mon courage, je suis moi-même, je suis spécial, je suis singulier. Je me reconnais des talents qui me sont propres. J'accueille, j'assume et j'exprime haut et fort qui je suis. Je me présente comme quelqu'un de solide, de résolu, qui dégage une force de caractère. Bref, je suis le leader que je suis.

Explorer son humilité, c'est autre chose... Dans cette partie, quand je me demande qui je suis, je découvre qu'au-delà du fait d'être le fils de mon père, le mari de ma femme, le père de mes enfants, le patron de ma compagnie, un Québécois et un citoyen de la Terre, je suis d'abord et avant tout un être humain comme les autres, comme il en existe des milliards.

L'humilité est essentielle à l'exercice du leadership. Sans humilité, l'organisation en paie le prix. Sans humilité, il n'y a pas d'équipe possible, car le leader ne réalise pas à quel point il a besoin des autres. Et que devient une entreprise sans équipe ?

Vous l'ignorez peut-être, mais vous avez amorcé votre démarche d'humilité au chapitre précédent. Reconnaître vos rêves, vos valeurs et vos talents vous éveille à ceux des autres. Vous avez aussi fait un pas vers l'humilité le jour où vous avez **assumé** votre talent. Ce jour-là, vous avez accepté de ne pas avoir tous les autres.

Vous avez également osé, avec courage, regarder vos peurs en face et amorcer une réflexion sur l'ego, votre ego. L'ego, c'est l'orgueil, donc le contraire de l'humilité. En explorant le premier, vous vous êtes engagé sur la bonne voie pour explorer le deuxième.

À partir de la réflexion à laquelle je vous ai convié dans le premier chapitre, vous avez, je l'espère, osé être vous-même. Maintenant, je vous invite à **oser être humain.** Quelles sont les conditions propres à tout être humain? En simplifiant au maximum, on peut dire que l'être humain vient au monde et meurt; entretemps, il connaît la souffrance et la joie.

Combien d'entre nous assument complètement, et avec humilité, toutes ces conditions? Très peu. Nous avons peur de la souffrance et nous sommes dans le déni face à la mort. Nous éprouvons même de la difficulté à accueillir le bonheur et la joie: soit nous avons trop peur qu'ils nous échappent, soit nous pensons ne pas les mériter, tout simplement. Le dalaï-lama dit que nous passons toute notre vie en pensant que nous ne mourrons jamais, et nous mourrons avec le sentiment de ne pas avoir vécu. Tout cela parce que nous ne reconnaissons pas notre impermanence.

$$\equiv$$

Célébrer

Quand avez-vous pris le temps de savourer vos succès, de célébrer, d'accueillir la joie? Cela ne se fait plus. Au lieu de ralentir pour goûter tout cela, on se demande constamment comment faire plus et on angoisse en se disant que le succès est éphémère.

Célébrer son succès exige du courage de la part du leader. Le courage de prendre le temps d'arrêter, de ne rien produire, dans un monde qui valorise l'action. Le courage d'investir souvent des dollars pour « faire la fête », une activité qui semble ne rapporter rien de tangible.

L'an dernier, alors que nous entrions dans une récession, de nombreuses entreprises ont choisi d'annuler leur party de Noël pour démontrer qu'elles contrôlaient les coûts, mais aussi par peur du regard des autres : comment peut-on se permettre de célébrer quand on coupe partout dans l'entreprise ? Dommage ! C'est pourtant dans les moments difficiles qu'il nous est important de célébrer afin de nous ressourcer entre nous, donc de nous allier les uns aux autres pour rester mobilisés.

Particulièrement pour les leaders des organisations de la santé, célébrer demande beaucoup de courage, car ils courent le risque de faire la première page du journal dans une manchette rappelant qu'on manque d'argent en santé, mais tout en nous informant, d'emblée, que les cadres ou les employés de tel hôpital se sont organisé un party qui a coûté tant de milliers de dollars.

Célébrer ne demande pas que du courage ; ça demande aussi de l'humilité. En effet, il nous faut aussi reconnaître le besoin de ralentir. Nous préférerions certes être des automates, ne pas avoir besoin des autres, de reconnaissance, de vacances, mais ce n'est pas le cas. Il nous faut donc accepter d'avoir des limites : le besoin de respirer plus souvent par le nez, le besoin de reconnaissance et de solidarité entre les êtres humains, et surtout, le fait que nous ne sommes pas des machines.

De plus, lorsqu'on célèbre, c'est pour mettre les autres en valeur, notamment en reconnaissant leur contribution à la boîte, ce qui dilue notre rayonnement en tant que leader. On braque les projecteurs sur ses équipes plutôt que sur soi-même.

Pourtant, l'énergie emmagasinée durant la célébration constitue également du carburant pour mieux affronter l'avenir. C'est un puissant outil de gestion pour mobiliser le personnel et faciliter les changements. Une célébration bien vécue constitue un rite de passage ; elle est à la fois une occasion de se raconter et de se reconnaître à travers ce qu'on a accompli ensemble ; une occasion pour s'apprécier, goûter le bonheur d'être réunis, et un moment pour réfléchir à ce qu'on se souhaite pour demain. Elle constitue notre fil d'Ariane entre notre passé, notre présent et notre futur.

Bref, il en va d'un party de bureau comme d'une fête du Nouvel An : on dit bye-bye à l'année qui s'achève, mais on en célèbre aussi les bons coups, on goûte au bonheur d'être ensemble et on réfléchit à nos projets de l'année à venir.

Je souhaite que la célébration retrouve sa place dans nos organisations. Multipliez les prétextes pour fêter : un nouveau contrat, le départ de quelqu'un qui a fait une différence, une arrivée, une fusion réussie, l'ouverture de nouveaux bureaux, l'atteinte des objectifs budgétaires ou, simplement, quelques fois par année, célébrer le bonheur d'être ensemble.

Imaginons qu'une entreprise implante un nouveau système informatique. L'expérience démontre que, pour la plupart des employés, faire le deuil de l'ancien système et la peur de ne pas être adéquat en utilisant une nouvelle façon de travailler engendrent de la douleur chez plusieurs.

Les entreprises anticipent cette réaction de leur personnel en embauchant, à l'avance, un consultant en gestion du changement pour accompagner le personnel à l'occasion de cette transition. Or, une célébration ne pourrait-elle pas, elle aussi, permettre aux employés de vivre plus facilement le passage d'un système informatique à un autre. En effet, au lieu de dire que l'ancien système est désuet ou poche – le discréditer amène automatiquement les usagers à se sentir déconsidérés –, ne devrions-nous pas prendre une autre approche et, au contraire, lever un toast à tout ce que nous avons accompli **grâce à lui** ? Réunissons-nous et racontons-nous les anecdotes, les péripéties que nous avons vécues avec l'ancien système. Ensuite, demandons-nous ce que nous souhaitons pour demain. Cela donnera un sens au nouveau système informatique : il ne sert plus à nous sortir de l'inadéquation, mais bien à nous rendre plus performants.

La fête donne du souffle. Elle agit comme un baume sur la souffrance présente dans les organisations. Elle nous fait prendre conscience que la joie peut cohabiter avec la souffrance.

Oser la célébration dans un monde de vitesse est presque révolutionnaire. Comment peut-on se permettre de fêter alors que les temps sont si durs ? C'est pourtant en raison des temps durs que les premiers colons trouvaient mille et un prétextes pour se retrouver ensemble à l'église. Car la fête leur donnait le sentiment d'être reliés les uns aux autres et leur apportait de la chaleur, à plus forte raison durant l'hiver.

S'il est un peuple qui sait fêter, célébrer, c'est bien le peuple québécois. L'avons-nous oublié ?

Célébrer exige aussi de reconnaître ce qui est. On exige beaucoup de nos équipes... Il faut cesser de dire que nos employés sont « payés pour faire une job » et qu'on n'a pas à les remercier ou à les féliciter. Il faut donc reconnaître que les changements engendrent des bouleversements et de la souffrance, et que nos employés méritent un coup de chapeau pour leur résilience. Mais oser la célébration demande au leader une bonne dose d'humilité. Ce dernier doit reconnaître que ni lui ni les autres ne sont dépourvus de limites, que, comme dans le cas cité plus haut, un grand changement tel un nouveau système informatique engendre son lot de souffrances, et que le leader seul ne peut l'apaiser complètement. Ainsi, la fête peut devenir une façon pour lui de s'unir aux autres pour qu'ils traversent tous le pont ensemble. Pourquoi ne pas avoir également recours à une célébration au moment du décès d'un employé, d'une fusion ou d'un rachat ?

Reconnaître ma condition d'être humain – par exemple, accepter que je puisse souffrir et que je vais mourir – provoque naturellement en moi de la compassion envers l'autre, car je reconnais alors qu'il vit la même chose que moi.

Le leader qui prend conscience de sa condition d'être humain n'exprimera plus uniquement de la reconnaissance envers ses employés pour ce qu'ils ont accompli, mais aussi **pour ce qu'ils sont en tant qu'êtres humains.** En effet, il reconnaît que ses employés ont des limites, des émotions ; il reconnaît qu'ils souffrent, qu'ils peuvent vivre de la joie et qu'ils vont mourir. Le temps qui nous est imparti est **limité.** C'est d'ailleurs ce qui lui donne tant de valeur. Mes employés méritent d'être heureux, comme tous les humains méritent d'être heureux.

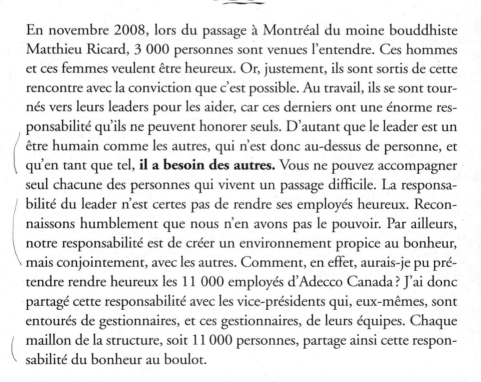

En novembre 2008, lors du passage à Montréal du moine bouddhiste Matthieu Ricard, 3 000 personnes sont venues l'entendre. Ces hommes et ces femmes veulent être heureux. Or, justement, ils sont sortis de cette rencontre avec la conviction que c'est possible. Au travail, ils se sont tournés vers leurs leaders pour les aider, car ces derniers ont une énorme responsabilité qu'ils ne peuvent honorer seuls. D'autant que le leader est un être humain comme les autres, qui n'est donc au-dessus de personne, et qu'en tant que tel, **il a besoin des autres.** Vous ne pouvez accompagner seul chacune des personnes qui vivent un passage difficile. La responsabilité du leader n'est certes pas de rendre ses employés heureux. Reconnaissons humblement que nous n'en avons pas le pouvoir. Par ailleurs, notre responsabilité est de créer un environnement propice au bonheur, mais conjointement, avec les autres. Comment, en effet, aurais-je pu prétendre rendre heureux les 11 000 employés d'Adecco Canada ? J'ai donc partagé cette responsabilité avec les vice-présidents qui, eux-mêmes, sont entourés de gestionnaires, et ces gestionnaires, de leurs équipes. Chaque maillon de la structure, soit 11 000 personnes, partage ainsi cette responsabilité du bonheur au boulot.

Faisant preuve d'humilité, je découvrirai avec plaisir que les idées les plus prometteuses pour créer ce climat peuvent très bien venir d'une nouvelle recrue dans la boîte. Au contraire, si je désire porter seul cette responsabilité du niveau de bonheur afin de m'en enorgueillir, je priverai mon organisation du talent en puissance de toutes les ressources, compromettant ainsi les chances de réussite.

———

Au retour d'une mission à Paris ayant comme thème la complexité des réseaux, un chirurgien cardiaque a avoué aux autres membres du groupe: « J'ai longtemps pensé être tout-puissant et ne pas vraiment avoir besoin des autres pour accomplir mon travail. Plus j'apprends, plus je réalise que, seul, je ne peux rien. Par exemple, je prends conscience à quel point j'ai besoin du microbiologiste, du psychologue et du psychiatre, car mon patient n'est pas qu'un corps. C'est un être humain avec des émotions, une famille, un emploi. J'ai pris conscience de toute cette information dont je me suis privé et qui m'aide dorénavant à mieux faire mon travail. »

Ce chirurgien me rappelle ce chef des services financiers qui, conscient de ses limites, a demandé un jour au directeur du marketing de l'aider à trouver une façon plus excitante de présenter les résultats financiers aux employés et aux actionnaires au cours de l'assemblée annuelle.

De prime abord, ce chef des services financiers, tout comme le chirurgien cardiaque, avait une vision mécanique de son travail, où tout se fait à la chaîne, où chaque action de l'un entraîne une réaction de l'autre, toujours la même. Cette conception machinale de nos entreprises est franchement insensée! Un robot se satisferait de cet environnement, pas un humain! Nous avons besoin d'un milieu de travail plus organique.

Pour l'instant, nos entreprises sont surtout mécaniques. Nous sommes à leur service, et non l'inverse. L'entreprise organique est plus souple. Les interactions n'y sont pas seulement unidirectionnelles, soit du haut vers le bas, mais bien multidirectionnelles. La créativité n'y est pas réprimée au profit des seuls processus et procédures. En somme, une entreprise organique en est une où la vie circule. Trop d'entreprises ont un taux de cholestérol élevé : il y a des bouchons partout, toutes les artères sont bloquées, ni l'information ni les idées ne circulent. Les décisions ne se prennent donc pas.

Le leader prétentieux, disons anxieux, tient la barre de l'entreprise en contrôlant chaque processus, chaque procédure qui doivent d'abord et absolument être approuvés par lui. Il est à l'aise dans une organisation mécanique. Quant au leader humble, ayant davantage confiance en lui, il sera heureux dans une organisation organique valorisant la confiance et l'initiative. Ce leader œuvrera d'ailleurs à « débloquer les artères » et à s'assurer que la vie circule à nouveau dans l'entreprise.

Entreprendre une réflexion sur le bonheur au boulot s'avère confrontant ; je l'ai expérimenté avec surprise. Une fois accompli notre premier rêve de devenir numéro un avec Adecco Québec, il nous fallait un nouveau projet. J'ai donc proposé ceci à mes chefs d'équipe : « Et si on augmentait notre niveau de bonheur ? Si on faisait le nécessaire pour que les employés soient plus heureux ? » Les gestionnaires sont bien sûr partis en courant : la question était beaucoup trop engageante, voire responsabilisante ; une question qu'ils ne s'étaient probablement jamais posée eux-mêmes.

Ils m'ont répondu par des questions :

– Comme leader, est-ce ma responsabilité de rendre les gens heureux ?

– Suis-je heureux ?

– Qu'entend-t-on par « rendre les autres heureux » ?

Bref, mes gestionnaires ont trouvé que ma proposition soulevait trop de questions. La discussion est donc morte dans l'œuf.

Il m'aura fallu patienter une année entière avant de pouvoir ramener cette difficile question. Une année pendant laquelle, sans que je m'en rende compte, une réflexion avait eu lieu un peu partout dans l'entreprise. En effet, même si elles avaient eu l'air de rejeter ma proposition d'office, mes équipes avaient commencé à y réfléchir. Nous avons donc amorcé, dans chacun de nos bureaux du Québec, une réflexion sur ce qui pouvait devenir un environnement propice au bonheur. Nous avons retenu **3 éléments** :

1. Les gens souhaitaient un **environnement dans lequel ils se sentiraient complètement accueillis** et qui leur permettrait d'être eux-mêmes tels qu'ils sont et tels qu'ils ne sont pas, et ce, sans qu'ils ne soient jugés ;

2. Ils désiraient aussi **que l'organisation sollicite plus souvent leurs talents** plutôt qu'elle ne s'enfarge continuellement dans leurs faiblesses ;

3. Ils avaient aussi pris conscience que **le sentiment de contribuer à quelque chose de plus grand qu'eux-mêmes** donnait un sens au fait de se lever si tôt le matin pour aller travailler.

Nous avons donc travaillé tous ensemble à transformer notre environnement et notre philosophie de gestion, de manière à ce que les gens **se sentent accueillis** et qu'ils **se consacrent davantage à leurs talents.** Ainsi, d'une part, nous avons travaillé à inclure davantage les idées et suggestions de ceux et celles qui proposaient des regards différents ; d'autre part, nous avons commencé à former nos équipes responsables de nos différents projets non pas en fonction des titres, des rôles ou de l'ancienneté, mais plutôt en fonction des talents.

Dans la même veine, nous avons cessé de demander à nos équipes de travailler sur leurs faiblesses. Dorénavant, nous veillons à ce que leur contribution aux grands projets soit **toujours claire et valorisée** afin que tous puissent prendre conscience à quel point leurs gestes participent à réaliser un grand projet commun. Voilà ce qui a été fait chez nous, en fonction de **notre** définition du bonheur.

Nous avons donc tenté d'arrimer toutes les tâches que nous accomplissions individuellement à notre grand projet commun, faisant ainsi de nous des tailleurs de pierres pour la construction d'une cathédrale.

Avez-vous pris le temps de ralentir pour vous demander ce qui vous rend heureux ou malheureux ? Ces questions paraissent simples, mais bien peu d'entre nous ont pris la peine d'y réfléchir. Et pourtant, toutes les équipes autour de moi qui se les sont posées sont devenues plus heureuses et plus performantes ; le taux de rétention du personnel s'est accru, tout comme le taux d'attraction de celui-ci.

Évidemment, se poser ces questions exige du courage et du temps. Mais je suis convaincu que les organisations qui évitent de se poser ces questions mettent en péril leur pérennité. Si, comme patron, je ne sais pas ce qui engendre du bonheur et du malheur au sein de mes équipes, je risque alors de perdre, l'un après l'autre, mes employés doués et bien dans leur peau, qui en ont assez de souffrir – ce qui rend peu prometteur l'avenir de la boîte.

Prenez un petit moment et réfléchissez : pouvez-vous nommer une chose, juste une petite, qui rend heureux chaque membre de votre équipe ? Et, avec humilité, allez donc vérifier auprès d'eux si ce que vous pensez correspond à ce qui les rend vraiment heureux. Ne tenez pas pour acquis que vous le savez. D'autant que le simple fait d'aller leur poser la question leur donnera déjà ce sentiment qu'ils ont de la valeur à vos yeux, et que vous ne pensez pas avoir la science infuse.

Qui suis-je ?

Je ne suis pas un automate.

Je ne suis pas un produit conforme.

Je ne suis pas qu'un fils, qu'un époux, qu'un père.

Je suis un être humain.

98

J'aurais peut-être préféré être une fleur, un aigle ou un lion, mais ce n'est pas le cas. Je dois accepter avec humilité que je n'ai pas eu le loisir de mon « humanitude »[1]. Je ne peux que l'accueillir.

Il est urgent que j'accueille ma condition d'être humain pour être à même de reconnaître celle de mon employé. Ainsi, je traiterai ce dernier comme un humain qui a un grand potentiel de bonheur auquel je peux contribuer, en diminuant par le fait même son potentiel de souffrance et en évitant de lui faire perdre un temps précieux. Concrètement, cela signifie qu'il vous faut le laisser partir si vous pensez qu'il se ruine dans un travail qui ne lui convient pas, ou lui offrir une promotion s'il manque de stimulation.

Vous devez reconnaître aussi que l'humain devant vous possède, tout comme vous, une énergie limitée. D'autant que même la plupart des machines ne fonctionnent jamais à pleine capacité, et qu'on les remplace tous les 5 ou 10 ans. Traitons-nous notre personnel aussi bien ?

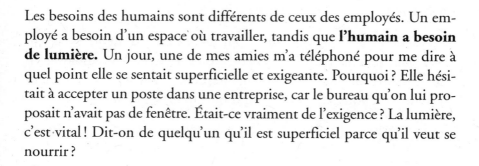

Les besoins des humains sont différents de ceux des employés. Un employé a besoin d'un espace où travailler, tandis que **l'humain a besoin de lumière.** Un jour, une de mes amies m'a téléphoné pour me dire à quel point elle se sentait superficielle et exigeante. Pourquoi ? Elle hésitait à accepter un poste dans une entreprise, car le bureau qu'on lui proposait n'avait pas de fenêtre. Était-ce vraiment de l'exigence ? La lumière, c'est vital ! Dit-on de quelqu'un qu'il est superficiel parce qu'il veut se nourrir ?

---

1 Il s'agit ici d'un néologisme créé par le généticien et philosophe Albert Jacquard. Par le terme « humanitude », il désigne la façon toute personnelle et unique dont chaque être humain incarne et accomplit l'humanité qu'il porte en lui-même.

Savez-vous qu'il existe au Québec une loi stipulant qu'il faut, chaque jour, éclairer les porcheries durant un minimum d'heures ? Or, aucun règlement n'exige que chaque employé ait accès à la lumière du jour. Voilà un exemple éloquent de la négation de la condition d'être humain.

Tout être humain a des limites physiques, il faut le reconnaître avec humilité. Comme patron, suis-je capable de le reconnaître pour moi et pour mes employés ? Vous jugez qu'ils ont assez de 30 minutes pour luncher ? S'agit-il encore d'un exemple de déni de leur condition d'être humain ?

On parle de reconnaissance au travail, mais, primordialement, nous avons besoin d'être reconnus comme êtres humains à part entière. Nous avons un corps et un esprit ; il est essentiel qu'on se soucie de notre santé physique et de notre santé psychologique. Heureusement, plusieurs entreprises ont déjà fait des pas de géant en ce sens.

Le bonheur et la souffrance

Les besoins de vos employés vont bien au-delà du cadeau que vous leur offrez pour souligner leurs années de loyaux services. Vos employés visent le même but que vous : augmenter leur bonheur et réduire leur souffrance. Et vous avez le pouvoir d'intervenir. Voici un exemple.

Une entreprise qui multiplie les contrôles internes crée du ressentiment chez ses employés. Ces derniers sentent qu'on ne leur fait pas confiance, alors qu'un dialogue franc avec eux sur la raison de ces contrôles corrigerait la situation. De deux choses l'une : une fois expliqués, ou ces contrôles seront mieux acceptés par le personnel, ou vous découvrirez ensemble que certains sont inutiles et doivent être éliminés. Peu importe le dénouement, nul doute que la confiance de vos employés en vous et en l'organisation augmentera, de même que leur bonheur.

Imaginons une entreprise de service qui répond aux clients chaque jour de 8 h à 18 h. Pour simplifier la gestion du personnel, elle choisit d'avoir un nombre limité d'employés à temps plein, ce qui offre peu de flexibilité au personnel. Cet horaire rigide constitue un casse-tête pour ceux qui ont des familles. Un leader attentif suggérerait de scinder certains postes en deux afin de répondre aux besoins de flexibilité des employés. Cette stratégie, retenue par plusieurs organisations, a eu un grand impact sur le niveau de bonheur du personnel.

Par contre, dans certains cas, le niveau de souffrance engendré chez les patrons afin de réaliser une telle stratégie serait plus élevé que le bonheur engendré chez les employés. Un choix collectif s'impose, et ce, dans le même esprit de cohérence.

Peut-on éviter toute souffrance? Faut-il toujours aller bien? Certainement pas! D'ailleurs, le déni de la souffrance fait plus souffrir que la souffrance elle-même. L'énergie consacrée à nier sa souffrance afin de camoufler sa vulnérabilité finit par nous épuiser. On se donne le mandat d'être parfait. Ne pas accepter de souffrir, c'est nier sa vulnérabilité et manquer d'humilité. Pourtant, comment nier que tous les êtres humains souffrent?

À tout le moins, des pressions de toutes parts viennent fragiliser notre bien-être, et il existe des milliers de raisons qui le menacent. Peut-être ce livre vous aidera-t-il à devenir plus serein – du moins, je l'espère –, mais quoi qu'il en soit, il restera toujours des moments de souffrance. Accueillir ce malaise, c'est prendre la vie telle qu'elle est. Ainsi, je souffre parce qu'un collègue que j'appréciais a quitté mon service. Je souffre également parce que je n'ai pas obtenu un contrat escompté. Je souffre parce que je suis épuisé après un an sans vacances. Je souffre sous la pression des rendements à court terme. Je souffre parce que je ressens une baisse de confiance de mon conseil d'administration envers moi.

Il est tout à fait humain que toutes ces situations nous fassent souffrir. Or, accueillir les souffrances inhérentes à notre emploi apaise une partie de celles-ci ; par exemple, celles que nous avons honte de ressentir et qui nous mettent ces pensées en tête : *Je ne devrais pas en faire une affaire personnelle… Je devrais être à la hauteur… Je devrais m'en foutre.* Même si, au fil des années, on arrive à mettre les choses en perspective, il nous restera toujours un lot de souffrance à affronter. Ainsi, à quoi bon doubler le vôtre en tentant de le camoufler ?

Par exemple, je conseille depuis plusieurs mois un patron qui souffre beaucoup. Nous avons découvert ensemble qu'une partie de sa douleur est liée au fait qu'il *pense* ne pas bien aller du tout et qu'il l'accepte mal. Or, il nie son état et tente de le cacher aux autres. Que d'énergie gaspillée ! Pourtant, le jour où il a cessé de se battre, où il a accepté avec humilité qu'il n'est pas totalement imperméable à tout ce qui se passe autour de lui, bref, qu'il souffre, il a pu accueillir sa souffrance et la partager, voire en rire un peu. D'ailleurs, à l'occasion de notre dernière rencontre, je lui ai demandé comment il se portait. Voici ce qu'il m'a répondu : « Pas très bien, mais ce n'est pas grave, ça ne me rend plus malheureux. »

Quelques jours plus tard, je croise une ancienne collègue qui éprouve certaines frustrations à l'égard de son organisation. Elle se sent en porte-à-faux entre son équipe postée au Québec et le siège social posté à Toronto. Plus précisément, elle souffre de l'écart entre la vision du siège social à Toronto et la façon dont elle et son équipe voudraient prendre les décisions. Mais elle ne veut pas manquer de loyauté envers ses patrons ni insécuriser son équipe en dévoilant qu'elle est à bout de nerfs et à bout de souffle. Elle prétend donc que tout est parfait pour ne pas contaminer son équipe d'une énergie négative. En fait, à y regarder de plus près, elle se juge de ne pas bien aller. Bref, tous ces éléments constituent un cocktail explosif.

Après l'avoir bien écoutée, je lui propose donc d'avouer la vérité à son équipe. À moitié convaincue, elle essaie : « Je voulais juste vous dire que je ne vais pas très bien. » Et elle explique pourquoi. Son équipe lui répond alors : « On s'en doutait ! C'est difficile aussi pour nous, mais on ne voulait pas t'en parler pour ne pas en rajouter. Peut-être, également, avions-nous peur que tu nous juges en te disant que nous étions des personnes faibles. Merci, ton ouverture nous apaise et nous réconcilie avec notre propre malaise », répond son équipe.

Du coup, la discussion s'est amorcée entre ses employés et elle. Et ce qui s'annonçait un petit matin gris est devenu un moment de partage et de recherche de solutions. Tout cela parce que cette directrice a fait preuve de courage et d'humilité. Oserez-vous faire de même ?

Il faut que la vie circule à nouveau dans les entreprises. Comme le sang doit circuler dans les artères de notre corps pour permettre à notre cœur de battre. Comme leader, vous pouvez y contribuer. Permettez à vos employés d'être humains et vivants.

Qu'est-ce qui vous donne le sentiment d'être vivant au travail ? Être utile ? Avoir des relations harmonieuses avec les autres ? Être apprécié ? Être reconnu ? Avoir le sentiment de contribuer à quelque chose de plus grand que vous-même ? Que votre intelligence soit sollicitée ? Qu'on considère que votre opinion ou expertise compte lorsqu'on planifie des changements ? Qu'on vous demande votre avis sur les enjeux et l'avenir de la boîte ? Que vous ayez le sentiment que votre vie professionnelle vous permet de devenir un meilleur être humain ?

Il est essentiel que vous réfléchissiez avant tout par vous-même pour ensuite entamer des dialogues avec les autres et découvrir avec eux ce qui leur a donné le sentiment d'être vivant au travail et celui d'être accueilli avec toute leur « humanitude ».

Le leader devrait être comme un jardinier qui s'assure que les conditions sont réunies pour que chacune de ses fleurs pousse et s'épanouisse. En effet, le jardinier humble, capable de se décentrer de lui-même, s'intéresse à chacune de ses fleurs. Si bien qu'il sait de quelle lumière, de quelle terre chacune a besoin. Tout comme il sait aussi qu'il doit parfois couper des bouts de ses fleurs, ou transplanter celles-ci dans des pots plus grands afin qu'elles vivent plus longtemps.

On tient souvent pour acquis que toutes les fleurs ont besoin de soleil. Pourtant, les impatientes sont tellement plus belles à l'ombre.

La finitude, la mort

Nous allons tous mourir. En attendant, chaque jour, nous vivons une série de petits deuils. Chaque semaine nous perdons quelque chose. Certaines pertes nous semblent anodines, tandis que d'autres nous assomment. En voici un florilège :

— La plante dans mon bureau vient de rendre l'âme ;

— Ma femme m'a quitté ;

— J'ai échoué mon examen ;

— Je n'ai pas eu la promotion dont je rêvais ;

— Mon voisin de bureau a un cancer ;

— Mon fils part quatre mois en Australie.

Les deuils mal gérés nous mènent souvent dans le bureau du psychologue, parce que nous avons de la difficulté à laisser aller. Comme si toute chose, toute situation était acquise, permanente, indiscutable. Ce qui nous empêche d'avancer, car nous nous accrochons à ce que nous avons perdu plutôt que d'aller vers ce qui nous attend. Or, il nous faut accepter cette fugacité, ce caractère éphémère de la réalité, avec humilité, et cesser de vouloir pérenniser les éléments de notre vie.

Une grande partie de la souffrance est non pas engendrée par le fait de devoir lâcher prise, mais parce que nous n'avons jamais considéré que nous aurions à le faire. Quand réaliserons-nous que nous sommes dans un monde en mouvement, que tout change tout le temps, qu'il n'y a rien de permanent ? Le jour où nous comprendrons ça, nous ne ferons pas face à des pertes, mais à des processus de changement.

Et si la souffrance de ces deuils cachait finalement notre peur de l'ultime perte, celle de perdre la vie ? Je pourrais bien sûr travailler sur mes peurs, mais ne vaudrait-il pas mieux que je travaille sur la source de toutes mes peurs, soit la peur de la mort ?

Enfant, j'avais peur des serpents. Quand j'allais à la cave et que je voyais une corde, je me mettais à trembler, la prenant pour un serpent. En forêt, j'avais la même réaction devant une racine, que je confondais, elle aussi, avec un reptile. J'aurais pu traiter ma peur des cordes ou des racines, mais m'attaquer à celle des serpents était plus utile. Toutefois, cela ne m'était sûrement pas aussi utile que d'aborder ma peur de la mort. Car, derrière ma peur des serpents, se cache ma peur qu'un serpent m'enlève la vie.

Si je travaille sur ma peur des serpents, que j'apprends à composer avec eux, je n'ai plus peur qu'ils me tuent. Or, mon travail des dernières années sur ma relation à la mort me semble apaiser toutes les autres peurs. Voilà que je viens d'éviter de me taper trois thérapies : une pour les cordes, une autre concernant les racines et une troisième à propos des serpents. Je crois en effet de plus en plus que chacune de nos peurs prend racine dans notre peur de mourir. De quoi avons-nous peur ? Perdre ceux qu'on aime. Perdre notre réputation ou notre crédibilité. Perdre un client. Perdre la santé et la jeunesse. Ces pertes sont finalement les premiers visages de l'ultime perte, la mort. Imaginons que je perds la face. De quoi ai-je vraiment peur ? De ne plus exister de la même façon aux yeux des autres. En fait, j'ai peur de disparaître à leurs yeux ; j'ai peur que meurt une certaine image que je projette de moi.

Mais quand je m'arrête pour réfléchir à la peur de la mort, je me demande, en fait, qui a peur. Je soupçonne ici, comme mon ami le docteur Serge Marquis, que c'est notre ego qui a peur de la mort. Par exemple, m'imaginer que moi, Rémi Tremblay, je n'existerai plus : quelle plus grande insulte à l'ego ! Je vous lance alors la question pour que nous trouvions ensemble des réponses : qui a peur ?

À travers cette idée de notre relation à la mort, je souhaite que nous trouvions de la tranquillité. Récemment, à Montréal, j'ai fait une rencontre exceptionnelle qui est venue confirmer qu'amorcer une réflexion sur notre relation à la mort nous apaise. En effet, j'ai partagé avec mon amie Ginette un moment avec Marie de Hennezel, une grande psychologue française qui accompagne des mourants depuis plus d'une dizaine d'années. Elle travaille sur la question du vieillissement. Après avoir rencontré des centaines de personnes âgées, elle nous a confié que tous ceux qui vieillissent sereinement ont eu, à un moment donné, une réflexion sur leur propre finitude. Le vieillissement étant un des visages de la mort, ils ont alors mieux vécu ce moment de leur vie.

Petit, on entretient une pensée magique : nous sommes éternels. Or, il faut sortir de celle-ci et regarder ce qui est : **nous allons tous mourir.** Prendre conscience que le temps qui m'est alloué est limité n'est à première vue pas très agréable. Mais cela me force à cesser de perdre ce précieux temps. D'ailleurs, si vous appreniez qu'il vous reste deux mois à vivre, continueriez-vous à entretenir des relations politiques et non authentiques avec les autres ? Des relations utilitaires ? Continueriez-vous à investir votre temps à gérer des problèmes anodins et à vous occuper de ce qui importe peu ? Continueriez-vous à développer vos faiblesses ? J'en doute fortement. Posez-vous d'ailleurs ces fameuses questions posées dans tous les livres de philosophie et de développement personnel : s'il me restait deux mois à vivre, que ferais-je de ce temps ? Avec qui aimerais-je passer ces derniers instants ? En effet, combien avons-nous entendu d'histoires autour de nous qui traitent de gens qui, après avoir frôlé la mort, ont transformé leur quotidien ?

Qu'est-ce que j'attends pour être heureux? Demain, je ne serai peut-être pas là! Dans le film *Troie*, Achille dit à une femme : « Les dieux nous envient parce que, pour eux, l'instant n'a pas de valeur. » Plus rare est le temps, plus celui-ci est précieux.

Au fond, nous n'avons pas peur de mourir. Simplement, nous ne voulons pas partir avant de venir au monde... En effet, le plus douloureux, sur notre lit de mort, serait de réaliser que nous n'avons pas été nous-même, que nous n'avons pas dit aux autres qui nous étions. Nous avons peur de disparaître avant même d'être apparu à nous-même et aux autres. Alors nous nous convainquons qu'il y aura d'autres vies après celle-ci, que nous aurons une autre chance. Fiou !

Considérer que nous allons mourir est angoissant, et nous pouvons nous laisser consumer par cette angoisse. Pourquoi ne pas plutôt l'explorer ? Par exemple, comment vous sentez-vous face aux deuils ? Comment vivez-vous la perte ?

La mort de ma mère, que j'adorais, m'a guéri. J'étais convaincu que le jour de son départ serait effrayant. Or, cela n'a pas été le cas. Et pourtant, elle est partie sans crier gare. Morte dans un accident de voiture... Mais notre relation était accomplie. J'avais vécu avec elle tout ce qu'un fils peut partager avec sa mère. Depuis son départ, je me sers de ce sentiment pour changer ma relation avec les gens autour de moi. Pour que le jour de leur départ j'aie le sentiment d'avoir pleinement vécu ma relation avec eux.

Combien d'employés avez-vous laissé partir sans leur dire à quel point vous les aviez appréciés ? Au lieu de cela, vous leur avez peut-être balancé votre colère ou votre déception ; vous avez rompu le lien avec eux. Si vous aviez été présent, authentique, que vous aviez manifesté votre relative satisfaction à cet employé, peut-être ne serait-il pas parti. Et s'il avait quand même quitté l'entreprise, cela se serait probablement passé dans la paix et le respect. Comme lorsque ma mère est morte : pas de culpabilité ni de colère.

Ma mère est morte paisiblement. Mais sa relation avec la mort ne l'a pas toujours été. Lorsque ma sœur de 11 ans s'est noyée, ma mère s'est révoltée. Elle a cessé de parler ; elle s'est emmurée dans le silence pendant des mois. Mais après le déni et la souffrance, elle a adopté une attitude de conscience et d'exploration. Elle s'est dit : « Je ne veux plus revivre pareille souffrance. Je dois apprivoiser la mort pour être prête lorsque ce sera mon tour. » Et elle a réussi, car elle est partie sereine.

Apprivoiser la mort demeure un éternel combat. Je l'ai compris quand mon ami Serge a reçu un diagnostic difficile : il était peut-être atteint d'un cancer. Je n'arrêtais pas de pleurer, j'étais en déni. Je suis allé chez ma tante, celle qu'on appelle la fée des Trois-Lacs, et j'ai médité. Le vent s'est levé. Toutes les feuilles de l'arbre que je contemplais sont tombées. L'arbre se dépouillait et ne résistait pas, comme s'il savait que ces feuilles devaient tomber pour que d'autres poussent. À cet instant précis, j'ai accepté que Serge ne soit pas éternel et qu'il vivrait à travers moi, comme ma mère. Apaisé, j'ai pu accompagner Serge dans l'attente de son diagnostic, qui s'est finalement révélé négatif.

Je souhaite vraiment que vous exploriez votre relation à votre finitude pour que vous puissiez vous affranchir de la peur de mourir. Si vous réussissez à faire disparaître un dixième de votre peur, ce sera toujours ça de pris, comme on dit. Déjà, accueillir cette réalité est une façon d'apaiser notre peur. Ensuite, conscient de notre finitude et acceptant celle-ci, on peut alors vivre pleinement notre vie, la goûter, l'apprécier, ainsi que reconnaître notre valeur et celle des autres, et dire aux gens, dans le feu de l'action, que nous les aimons. En effet, clarifier nos liens en les qualifiant ouvertement en présence des personnes concernées, cela constitue certes une de nos façons d'acquérir plus de sérénité devant une perte ou un départ éventuel.

Dans son livre *La dernière leçon,* Mitch Albom écrit qu'apprendre à mourir, c'est apprendre à vivre. Pour ma part, il est évident que l'annonce de ma mort imminente me bouleverserait. Mais sûrement moins qu'il y a 10 ans et, je l'espère, plus que dans 10 ans.

La peur de la perte et de la mort m'amène, ironiquement, à adopter des comportements qui conduisent à ma propre perte. **À ne jamais vouloir perdre, on se perd soi-même.** Combien d'entre vous ont tellement peur de perdre leur boulot qu'ils acceptent d'agir en contradiction avec eux-mêmes ? Si vous aviez moins peur de mourir – ce qui fait que vous auriez moins peur de perdre la vie –, vous oseriez vivre davantage. Vous oseriez être vous-même, peu importe les conséquences, dont vous n'auriez plus peur, de toute façon.

La peur nous emprisonne dans une situation non pas de vie, mais de survie, où tout ce qu'on fait ou dit ne sert qu'à assurer notre survie, parce que nous nous sentons sans cesse menacés. La menace écartée, la peur évaporée, on revient à la vie.

Un matin, un leader avec qui je travaille me dit qu'il est épuisé. Il a perdu le goût d'avancer. Ses employés sont si démobilisés qu'il n'arrive plus à gouverner son grand projet comme il l'avait imaginé. À l'écouter parler, je réalise qu'il est davantage habité par la peur de l'échec que par le désir de réussir. Il avance « pour ne pas échouer » plutôt que « pour réussir ». Mon commentaire l'a heurté. Silence et malaise.

Toutefois, il me rappelle quelques jours plus tard, prêt à explorer cette réalité avec humilité. Sa peur de l'échec n'est pas la sienne, mais celle de son ego. Il a donc regardé ses attentes face à son projet, pour tranquillement transformer son énergie négative en un désir de réussite. Il l'a fait en quittant son ego pour revenir à l'essence, voire au sens premier de son projet et à ce qu'il veut faire vivre à son équipe. Rallumer ce désir initial a créé une énergie de vie qui a attiré l'équipe dans son sillon. En s'affranchissant d'une partie de sa peur, il en a aussi affranchi son équipe. Ce patron a donc pu reprendre le leadership de sa vie, dont il avait laissé le gouvernail à son ego.

Revenez aux questions du chapitre précédent : Quels sont vos rêves ? Vos intentions profondes ? Et posez-vous-les dans votre travail. Cela redonnera certainement du sens à votre quotidien, à votre vie. Vous verrez alors votre peur de l'échec céder la place au désir de réussir.

Oh So many come to my mind

J'arrive au constat qu'il n'y a que **2 façons** de mobiliser les gens :

1. On utilise la peur (par exemple, en adoptant le slogan « innover ou disparaître » ou en gérant par la menace de transférer la production au Mexique) ;

2. On offre un environnement où ils se sentent tellement vivants qu'ils ont le goût d'y être.

Quelle est votre méthode ? Gérez-vous votre équipe ou vos projets par la peur ou par la vie ?

Le patron qui, malgré lui, a recours à la peur a probablement le sentiment que, sans celle-ci, ses employés ne voudront pas lui donner ce qu'il attend d'eux.

Par ailleurs, il arrive parfois qu'une organisation qui semble ne générer que de la souffrance puisse donner de grandes choses. Alors, la souffrance a un sens. C'est le cas d'Apple dont le fondateur, Steve Jobs, est reconnu comme un tyran. Ce qui n'empêche pas nombre de gens doués et intelligents de travailler chez Apple. Pourquoi ? Parce qu'ils collaborent à la création des produits parmi les plus innovateurs de la planète. Ce résultat justifie, à leurs yeux, le règne de la peur. À mon avis, ils ont trouvé leur tranquillité dans l'agitation et l'angoisse. Ainsi, je ne peux m'empêcher de me poser la question suivante : Apple ne pourrait-elle pas être aussi créatrice et performante sans générer autant de souffrance ?

La peur de la perte est notre compagne de travail. Craignez-vous qu'on réduise vos budgets ? Avez-vous peur de ne pas avoir la promotion tant désirée ? Peur qu'un nouveau concurrent obtienne le gros contrat que vous convoitez depuis longtemps ? Comment composer avec notre peur de la perte et de la mort ? Comment réagissons-nous devant les deuils ? Comment accompagnons-nous les autres ?

Pourquoi ne nous inspirions-nous pas de ce que font les gens qui accompagnent les mourants ? En effet, lorsqu'on accompagne un mourant…

– on tente d'atténuer ses souffrances ;

– on l'aide à trouver un sens à ce qui lui arrive ;

– on l'aide à fermer les boucles.

Perdre son emploi est certainement un des deuils les plus difficiles à faire. Qui accompagne l'employé licencié dans cette épreuve ? Le professionnel du service des ressources humaines ou le directeur. Comment s'y prend-il ? Tente-t-il d'atténuer la souffrance de l'employé ? Lui explique-t-il les raisons de ce licenciement ? Lui accorde-t-il le temps de dire au revoir à ses collègues ?

Récemment, un leader avec qui je travaille a été licencié. Sans préavis, sans qu'il ait vu venir d'aucune façon cet événement. Il a été rencontré par le responsable des affaires juridiques pour se faire dire qu'il ne cadrait plus avec la vision de la boîte. On lui a demandé de remettre ses clés, sa carte magnétique, et on l'a accompagné à la réception, comme s'il était un voleur. Or, voilà tout l'opposé de la manière dont on devrait agir. On augmente la douleur et la souffrance, et on ne donne aucun sens à ce qui arrive. Et pour ce qui est de fermer les boucles, de dire au revoir, on repassera !

Toutes les personnes que j'ai mises à pied depuis 10 ans n'ont jamais été surprises. Nous en avions parlé abondamment assez longtemps d'avance, dans la majorité des cas, pour conclure ensemble qu'il s'agissait de la meilleure décision à prendre, pour elles comme pour l'organisation.

Généralement, nous leur avions laissé le temps de dire au revoir, de trouver un autre boulot. Quand les sentiments étaient partagés, nous prenions même le temps de souligner, voire célébrer, ce qu'ils nous avaient apporté. Le départ demeure un deuil, mais, dans ces circonstances, il devient un passage presque salutaire. Or, au contraire, les passages mal vécus s'accumulent dans notre sac à dos, deviennent lourds à porter et nous tourmentent.

Il importe, encore une fois, d'accueillir les passages humblement, comme partie intégrante de la vie. Ainsi, tout aussi humblement, il faut accepter d'avoir de la difficulté à traverser certains d'entre eux. À la lumière de notre histoire de vie, il est humain que certains passages soient plus douloureux à traverser que d'autres.

Tous les étudiants en ressources humaines devraient effectuer un stage d'accompagnement des mourants. À mes yeux, s'ils le faisaient, les congédiements ne seraient plus jamais les mêmes.

En tant que leader, combien de deuils faites-vous vivre à vos employés ? Chaque fusion est un deuil : celui de l'entreprise qui n'est plus. Un nouveau système informatique aussi est un deuil : celui d'un certain mode de fonctionnement avec lequel nous étions confortables. De nouveaux locaux constituent aussi un deuil : celui d'un environnement que nous avions choisi parce qu'il nous convenait.

Comment avez-vous accueilli vos employés dans leurs deuils précédents ? Au fait, les accueillez-vous ? Savez-vous comment vous y prendre ? Je suis convaincu que si vous réfléchissez à votre relation à la mort, vous vivrez beaucoup mieux les passages. Vous n'aurez plus peur des mots. Vous oserez considérer ces passages comme des deuils à traverser. Vous deviendrez plus aidant dans l'accompagnement de vos employés, de vos collègues.

Humblement, je reconnais mes souffrances – tout comme mes limites à comprendre mes employés et à les rendre heureux. Je reconnais ma capacité à être pleinement attentif à leurs besoins. Je reconnais ma fatigue et, inévitablement, celle des autres. Puis je cherche comment atténuer mes souffrances et augmenter notre niveau de bonheur collectif.

Je ne gère pas que des talents ou des compétences, je gère des humains qui ont le droit d'être heureux. La tâche de leader est bien plus complexe que l'entrevue d'embauche ne vous l'avait fait entrevoir !

Et vous n'êtes qu'un être humain comme les autres… Il ne vous reste qu'une solution : demander de l'aide.

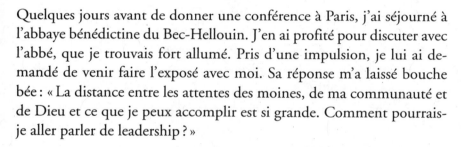

Quelques jours avant de donner une conférence à Paris, j'ai séjourné à l'abbaye bénédictine du Bec-Hellouin. J'en ai profité pour discuter avec l'abbé, que je trouvais fort allumé. Pris d'une impulsion, je lui ai demandé de venir faire l'exposé avec moi. Sa réponse m'a laissé bouche bée : « La distance entre les attentes des moines, de ma communauté et de Dieu et ce que je peux accomplir est si grande. Comment pourrais-je aller parler de leadership ? »

Quelle humilité ! Réaliser cette distance constitue déjà pour moi un pas énorme.

Il y a quelque chose de presque ridicule entre les attentes entretenues envers les leaders et ce qu'ils peuvent réellement offrir. S'en rendre compte nous ramène à l'humilité et nous éloigne du sentiment de toute-puissance que nous accordons aux leaders et qu'ils s'accordent à eux-mêmes, ce sentiment d'omnipotence qui leur fait croire qu'ils peuvent, à eux seuls, modeler une organisation, changer le cours de son histoire, réinventer un métier, etc.

Rien de grand ne s'accomplit seul. Rien de grand ne s'accomplit à court terme. J'ai besoin des autres. Vous avez besoin des autres. Posez-vous ces questions :

- Comment les gens autour de vous peuvent-ils vous être utiles ? Comment vos équipes peuvent-elles être utiles à l'organisation et comment celle-ci peut-elle, en retour, leur être utile ?

- Comment pouvez-vous, ensemble, créer un environnement porteur de bonheur, moins souffrant ?

- Comment pouvez-vous, ensemble, apprivoiser les deuils et les pertes afin que la vie circule ?

Pour ma part, j'ai réalisé en quoi ma collègue Liliane me complète dans sa capacité à gérer et à organiser un projet. Je crois même que l'entreprise que nous avons créée ensemble lui permet de se réaliser, notamment lorsqu'elle met à profit ses talents en communication et son potentiel de tendresse. Étant à l'écoute l'un de l'autre, ayant pris le temps d'avoir des discussions sur ce qui nous fait souffrir et nous rend heureux, nous adaptons notre façon de travailler ensemble à mesure que nos besoins évoluent. Par exemple, Liliane est une femme de soir et moi, un homme du matin. Je ne la dérange donc plus avant 9 h et, pour sa part, elle accepte que je réponde à tous ses courriels de fin de journée tôt le lendemain matin.

Concernant les passages de la vie, par exemple lorsqu'un de nos clients décède, nous prenons le temps de ralentir pour en parler et s'accompagner l'un l'autre. Fort de mon expérience de gestion d'une entreprise de 11 000 employés, je vous garantis que ce qui est vrai pour une équipe de 2 est vrai pour 1 000.

La réalité, ou ce *qui* est

Savez-vous accueillir ce *qui est,* soit la réalité du monde comme il va ? Accueillez-vous le fait que nous venons au monde et que nous allons mourir ? Que rien n'est permanent, que la joie et la souffrance font partie de la vie ? Accueillez-vous vos limites ou le mauvais temps ? Qu'un rosier ne peut pas produire des pommes ? Que vos employés sont affectés par la réorganisation, que certains en sont même bouleversés ? Que votre produit-vedette n'est plus aussi prisé ? Ou cherchez-vous plutôt à projeter vos souhaits sur la réalité ? « Ça va, ça va, je suis sûr que les clients vont recommencer à l'acheter bientôt. » Cela est un exemple de déni de la réalité, de ce *qui est.* Admettre la réalité exige courage et humilité, mais l'organisation y gagne chaque fois.

Pourquoi avons-nous tant de difficulté à accepter ce *qui est*? Parce que reconnaître une réalité, c'est souvent assumer que j'ai contribué à l'engendrer. Par exemple, au lieu d'accueillir les résultats d'un sondage interne qui suggère que les employés sont malheureux – ce qui est –, je tenterai de démontrer que le sondage est biaisé. Sinon, je devrai reconnaître que j'ai contribué en partie au malheur de ces employés.

Le déni est une stratégie pour éviter la culpabilité, la remise en question et le jugement de l'autre.

Mais au bout du compte, l'idée n'est pas de juger ou de nous juger, mais simplement d'accueillir ce *qui est* et d'investir notre énergie à trouver ce que nous voulons accomplir.

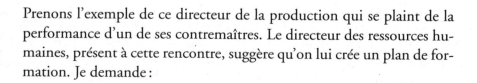

Prenons l'exemple de ce directeur de la production qui se plaint de la performance d'un de ses contremaîtres. Le directeur des ressources humaines, présent à cette rencontre, suggère qu'on lui crée un plan de formation. Je demande :

« Êtes-vous convaincus d'avoir pris la bonne décision en recrutant ce contremaître ?

Silence. Le directeur des ressources humaines répond finalement :

« Je pense qu'il n'est pas la bonne personne au bon poste. Nous nous sommes trompés. »

Dieu soit loué pour ce moment de lucidité et d'humilité ! Il a suscité une discussion ayant mené au transfert du contremaître au service de R-D, où il est devenu une vedette. Accueillir *ce qui est* – ce contremaître était à la mauvaise place – a servi l'entreprise. Mais il a fallu une bonne dose d'humilité de la part de deux directeurs, parce qu'accepter la réalité, c'est aussi reconnaître y avoir contribué.

Combien de fois ai-je accompagné des comités de direction qui, par exemple, devant les résultats négatifs d'un sondage interne sur la satisfaction des employés, se sont mis à remettre en question la méthodologie du sondage. L'énergie sert alors à contester la méthodologie plutôt qu'à rendre les employés plus heureux. Curieusement, quand les résultats d'un tel sondage sont positifs, on s'empresse de les communiquer sans vérifier la fiabilité des résultats. Je suis certain que vous reconnaissez cette attitude de déni de la réalité dans maintes situations au travail. Cela nous rappelle à quel point un minimum d'humilité est exigé de la part de tous les membres de la direction.

Le comportement de Lucie, une DG dans le monde de la santé, me semble plus propice à un climat de bonheur. Le matin d'une réunion du comité de direction, elle est assaillie par son équipe en crise :

« Au secours ! On parle de nous dans le journal ce matin.

– Effectivement, on nous fait des reproches dans le journal. Mais même si nous en parlons toute la matinée, nous n'y changerons rien. Par contre, nous pouvons intervenir sur les sujets à l'ordre du jour de la réunion de ce matin. Nous allons donc tenir cette réunion, comme prévu. Nous parlerons *après* du suivi à faire quant à l'article du journal. »

Cette dirigeante s'est montrée apaisante. Elle a eu l'humilité de reconnaître *ce qui est* et ce qu'elle ne pouvait changer, en maintenant le cap sur les priorités. Cette approche me semble plus propice au bonheur des employés et à la performance de l'entreprise.

J'évalue la maturité d'un comité de direction à sa capacité de discerner ce qui est, donc d'agir sur la réalité plutôt que de chercher des solutions à des problèmes qui n'en sont pas. De vrais problèmes, il y en a peu.

Ralentir

Dans un monde de vitesse comme le nôtre, ralentir devient essentiel. Il nous faut l'humilité de reconnaître que nous ne pouvons pas toujours opérer à 100 milles à l'heure. Mais ralentir demande du courage, car cela est presque révolutionnaire à une époque où on nous demande de faire plus et plus vite avec moins. Ralentir nous permet alors de prendre conscience de soi : de nos pensées, de notre corps, de nos émotions. Cela nous reconnecte avec les autres et avec ce que nous sommes, en nous arrimant davantage à notre intelligence et à notre intuition.

Le silence, comme nous venons de le démontrer, est un superbe outil de *ralentissement*. Mais nous en avons trouvé d'autres. À la suite du travail accompli avec le moine Matthieu Ricard sur le leadership et la compassion, nous avons accepté son invitation de séjourner à son monastère de Katmandou, au Népal. Nous avons choisi de faire cette escapade au ralenti, à la manière des voyageurs sédentaires qui partent très loin puis se fixent quelque part pour pouvoir mieux se recueillir ensuite. J'ai été émerveillé de constater l'engouement des patrons d'entreprise pour un tel voyage. Ils ont été 26 à oser ce *ralentissement* de 18 jours au plus près de leur être. Quelle ouverture ! Et que de bonheur ! Nous en sommes revenus apaisés, plus tranquilles et plus attentifs aux autres.

Plus récemment, nous avons poussé l'expérimentation en proposant rien de moins qu'une retraite de silence de trois jours, en Estrie. Je ne savais pas comment les leaders réagiraient à cette proposition. Surprise : nous avons affiché complet !

Le séjour au monastère et cette retraite de silence démontrent à quel point nous avons besoin de ralentir, et surtout, combien de leaders prennent conscience de ce besoin essentiel. J'en tire beaucoup d'espoir. Et, bien sûr, cela me donne envie d'oser davantage avec nos leaders. D'ailleurs, au moment d'écrire ces lignes, nous planifions un séjour de ralentissement en Afrique, plus précisément au Burkina Faso, pays des hommes intègres, sous le thème « Voir autrement ».

Il existe, bien sûr, des façons très simples de ralentir dans notre quotidien : respirer profondément plusieurs fois durant la journée ; aller faire une marche ; modérer le pas dès qu'on réalise qu'on se hâte sans raison ; manger moins vite (pour ma part, c'est un défi constant !) ; écouter davantage ; établir des dialogues ; se fixer des moments pour la réflexion, comme un lac-à-l'épaule ; mais aussi célébrer, contempler, rire, etc.

Le ralentissement est essentiel à la tranquillité... Et paradoxalement, il nous permet d'aller plus vite ensuite.

Quels sont vos propres moyens de ralentir ?

- Silence
- Méditation

Demander pardon

J'ai vu énormément de patrons rater de belles occasions de demander pardon. Ils ont plutôt élaboré des plans complexes de redressement pour rattraper leurs erreurs ou pour en quelque sorte se justifier. Alors qu'il fallait d'abord demander pardon, en toute humilité. L'énergie déployée à vouloir camoufler ou justifier leur erreur se trouve alors gaspillée.

Investir notre énergie dans une expérience de pardon est libérateur et nous permet d'aller mieux, ce qui est aussi bénéfique pour notre entourage. Je connais nombre de leaders qui refusent d'admettre leurs erreurs ; ils ont peur d'afficher leur vulnérabilité, car ils sont convaincus qu'on profitera d'eux. Pourtant, j'ai constaté l'inverse : la vulnérabilité appelle la compassion. Lorsqu'un leader dit qu'il a besoin d'aide, tout le monde veut l'aider. D'ailleurs, je l'ai expérimenté quand un groupe de leaders a saisi l'occasion d'essayer de diriger l'orchestre du chef Jean-Marie Zeitouni. Les patrons ont reçu un petit cours sommaire, puis ils ont défilé derrière le lutrin chacun leur tour.

Certains de ces patrons se sont présentés devant le musicien en démontrant de l'assurance, sans rien exprimer de leur peur, de leur stress, comme s'ils avaient dirigé un orchestre toute leur vie. Les musiciens arrivaient difficilement à les suivre, et ça donnait… un résultat moyen.

Mais, souvent, un patron s'avançait timidement et disait : « Je ne sais pas, aidez-moi. Je suis ému de me retrouver devant des virtuoses comme vous, moi qui ne connais pas bien la musique. » Alors, chaque fois, tous les musiciens se redressaient spontanément sur leur chaise, et d'un seul élan, allaient à la rescousse de cet humble leader. Si bien qu'une des leaders, en s'installant au lutrin, a remercié d'emblée les musiciens… Bref, c'était bouleversant et très révélateur chaque fois qu'un participant s'amenait au lutrin pour diriger l'orchestre.

Et si vous essayiez de reconnaître vos erreurs et vos limites ? Avoir des faiblesses n'est pas un problème en soi. Il s'agit simplement d'en être conscient. Or, un leader consciencieux s'entoure de gens qui le complètent, qui le compensent, plutôt que d'essayer de tout faire lui-même en vouant toutes ses tentatives à l'échec.

Un dirigeant peut aussi investir son temps à développer son talent, ce qui est bien plus utile pour l'organisation. Aujourd'hui, pour ma part, quand je sélectionne des candidats pour des postes, je ne cherche pas tant à voir leurs faiblesses qu'à jauger leur conscience de leurs limites.

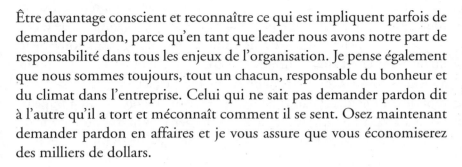

Être davantage conscient et reconnaître ce qui est impliquent parfois de demander pardon, parce qu'en tant que leader nous avons notre part de responsabilité dans tous les enjeux de l'organisation. Je pense également que nous sommes toujours, tout un chacun, responsable du bonheur et du climat dans l'entreprise. Celui qui ne sait pas demander pardon dit à l'autre qu'il a tort et méconnaît comment il se sent. Osez maintenant demander pardon en affaires et je vous assure que vous économiserez des milliers de dollars.

Une étude menée auprès de 1 000 victimes d'erreurs médicales conclut que la moitié des patients ont poursuivi leur médecin et l'établissement où ils ont été soignés, alors que les autres ne l'ont pas fait. La différence entre les deux groupes ? Dix minutes ! C'est le temps que les médecins du deuxième groupe ont pris pour s'excuser auprès de leurs patients et pour leur exprimer leur compassion. Ceux du premier groupe n'avaient pas offert d'excuses.

Au moment où l'on soupçonnait un scandale au sein du groupe mondial Adecco, j'ai dit à mon président que ce que nous devions faire était de demander pardon. Non pas parce que nous étions fautifs dans ce cas, mais pour avoir laissé le climat se détériorer à un tel point. Il ne l'a pas fait. Pour ma part, j'ai choisi de le faire dans mon marché en publiant *Les fous du roi*. Pendant que les ventes chutaient partout, elles ont augmenté au Québec.

L'humilité n'est pas une vertu démodée ; elle fait partie des qualités essentielles d'un bon leader, un superbe antidote à l'ego. Elle peut vous épargner une fortune en poursuites, empêcher le départ d'un employé-clé, préserver la qualité du climat de travail. L'humilité peut vous éviter de vous lancer dans un marché qui n'est pas naturel, prémunir d'une acquisition qui ne s'accorde pas avec votre boîte ou encore, d'une promotion qui ne vous correspond pas réellement.

Nier le mécontentement de vos employés ou de vos clients ne le fera pas disparaître, sans compter l'énergie gaspillée et l'inquiétude qui vous assaillira.

La prochaine fois que vous aurez envie de dire « Ça ne devrait pas être ainsi », reformulez plutôt comme ceci : « J'avais prévu autre chose, mais ce n'est pas ce qui est arrivé. » Car la vie, vous savez, « c'est ce qui arrive lorsqu'on a prévu autre chose ». Réduire la distance entre *ce qui est* et *ce que je voudrais qui soit* procure de la sérénité.

L'humilité vient du latin *humus* qui signifie la *terre*. Quand je vous parle de ce qui est, je vous invite à être ancré dans le vrai, à être *groundé* !

Le courage nous élève et l'humilité nous garde les deux pieds sur terre. Ces deux vertus permettent aux cadres de conserver un bon équilibre entre le ciel et la terre, entre le rêve et l'action.

La culpabilité

La culpabilité est essentielle… à condition qu'elle ne dure pas plus d'une minute ! Après une minute, il faut passer à autre chose.

Je me souviens de l'enseignant d'un de mes fils à qui je m'excusais à n'en plus finir d'avoir été plutôt absent au cours des derniers mois, trop pris par mon travail. Sa réponse m'a remis les idées en place :

« Je n'en ai rien à foutre du père que vous avez été. Ce qui importe, c'est le père que vous serez demain ! »

Tant que je porte ma culpabilité, je suis centré sur hier, et je ne construis rien pour demain. La culpabilité, c'est très pratique pour se justifier, mais ça n'avance pas à grand-chose. L'humilité permet d'accueillir sa limite, de se pardonner ; d'accepter que, de toute façon, ce qui est fait est fait. Notre énergie est maintenant libérée pour nous mettre au service de demain.

La minute de culpabilité que je vous propose est en fait une minute de conscience, un éveil : « Je ne le ferai plus. » Elle doit être courte, mais elle demeure importante. Sans elle, nous sommes condamnés à répéter nos erreurs.

Grâce aux enseignements reçus de ceux qui accompagnent des patients en fin de vie, j'ai appris que les remords – ceux d'avoir blessé quelqu'un, d'avoir coupé les ponts avec sa famille – sont un des éléments les plus souffrants au moment de mourir. Bien plus souffrants que les regrets de ne pas avoir fabriqué son chalet de ses propres mains, de ne pas avoir visité l'Égypte ou de ne pas avoir obtenu la promotion désirée. Tout compte fait, nous souffrons davantage de ce que nous avons été ou pas pour nos proches que pour ce que nous avons réalisé ou pas.

Humilité et performance

Les entreprises qui ont des leaders humbles ont plus de chances d'avoir des produits de qualité et des clients satisfaits. Pourquoi ? Parce que le leader humble laisse beaucoup de place aux idées des autres, aux différentes intelligences de la boîte. Il choisit la meilleure idée – donc pas nécessairement la sienne –, l'idée qui permettra de fabriquer le meilleur produit, en utilisant le meilleur processus et en offrant le meilleur service à la clientèle. Il se met, de concert avec le reste de son équipe, à l'écoute des besoins des clients. Si vous fabriquez des produits de qualité qui répondent exactement aux besoins du marché, le reste ira de soi : votre entreprise durera.

L'humilité amène aussi la croissance. Si vos produits sont de qualité, le mot se passe et vous en vendez de plus en plus. Le leader humble assure donc la pérennité de l'entreprise qu'il dirige. Pensez-y la prochaine fois que votre orgueil et votre ego se mettront de la partie. Dès que vous vous voyez défendre à tout prix une idée parce que c'est la vôtre, tentez d'être vigilant. Reconnaissez-le et taisez-vous un peu pour écouter celles des autres. Se taire pour écouter l'autre est une façon de faire taire son ego.

Vigilance encore, lorsque vous vous surprenez à défendre votre produit qu'on dit désuet ou encore à défendre ce fameux logo que vous avez créé il y a 10 ans, mais qui ne parle plus à la nouvelle clientèle ni à l'équipe de ventes. L'humilité nous ouvre aux autres, nous décentrant ainsi de nous-mêmes. J'invoque ici la vigilance, mais ne tombons pas dans le piège de nous juger systématiquement devant un élan de notre ego ou de notre orgueil. Nous sommes des humains, donc imparfaits. Pour moi, le summum de l'humilité c'est de sourire devant mes manquements. Parce que s'emporter contre soi-même est une forme d'orgueil. « J'aurais tellement voulu être parfait. »

Pendant des années, j'accordais une grande importance aux gestes flamboyants. J'aimais impressionner la galerie, faire de grands coups d'éclat, décrocher de gros contrats. Je me drapais alors davantage dans mon ego. Mon manque d'humilité m'amenait à penser qu'un simple geste de ma part pouvait transformer mon entreprise. Depuis, j'ai appris à reconnaître aussi les centaines de petits gestes, plus modestes mais tout aussi importants, qui, eux aussi, transforment nos organisations. Pouvez-vous faire de même dans votre boîte ? Pensez à :

- cette secrétaire qui remet en question un formulaire et l'adapte pour qu'il soit plus efficace ;
- ce commis à la comptabilité qui ose abolir un rapport qui était utile hier, mais qui ne sert plus à rien aujourd'hui ;

- ce vendeur qui, après une rencontre avec un client, en revient avec une conscience plus aiguisée, si bien qu'il saisit vraiment mieux ses besoins ;
- l'employé qui félicite un collègue d'un autre service pour son bon coup ;
- la responsable de l'entretien d'un hôpital qui a si bien fait son travail qu'elle a évité la grippe à des dizaines d'employés et de patients.

L'humilité, comme nous l'avons vu, nous rend capables de demander pardon et de reconnaître la valeur du travail de nos partenaires.

L'aventure de ce livre est un cheminement. Nous avons commencé par mettre au jour notre grandeur, notre lumière, notre unicité à travers ce qu'on a de mieux à offrir aux autres : notre talent, nos valeurs, etc. Maintenant, nous réalisons ensemble que nous sommes à la fois géants et lilliputiens. Il est alors essentiel de remettre en perspective notre contribution, et ce, avec humilité. Ainsi, comparez le temps qui vous est imparti par rapport à l'histoire de l'univers.

Je peux apporter une importante contribution, mais je suis aussi un grain de sable qui a besoin des autres grains de sable pour faire une plage. Et du coup, je vois tous les talents ; j'entre dans un état d'appréciation et d'émerveillement.

Quand un leader commence à s'émerveiller devant tous les petits gestes, il s'apaise : il n'est plus seul. Il réalise tout le travail qui s'accomplit sans lui. Il se rend compte, en somme, que les choses adviennent, que les problèmes se dénouent, qu'il n'a pas, finalement, à porter sur ses épaules tout le poids de l'univers. Il entre alors dans un état de gratitude envers les autres, envers la vie.

Savez-vous, d'ailleurs, qu'une des plus grandes prières est l'action de grâce, celle qui consiste à dire merci ? Au fond, cette prière dit merci à la vie, à l'univers, à la beauté du monde, bref, à quelque chose de plus grand que soi.

Pour moi, rendre grâce, c'est humblement dire merci sans nécessairement saisir tous les mystères de la vie. Dans mon expérience, l'action de grâce suit la contemplation. Quand je prends le temps de ralentir pour contempler mon fils qui dort, la fleur qui vient d'éclore, les étoiles, je me sens tellement touché, riche et choyé que naît automatiquement en moi le réflexe de dire merci, de rendre grâce.

Quand nous sommes uniquement mobilisés par notre courage, nous nous demandons : « Où vais-je ? Qu'est-ce que je veux accomplir ? » Laisser la place à l'humilité nous amène plutôt à la question suivante : « Qu'est-ce que la vie veut faire en moi ? » L'humilité nous met davantage à l'écoute des messages provenant soit des autres, soit des hasards (croiser la bonne personne au bon moment, tomber sur un certain livre), soit de l'intérieur de nous-mêmes (nos intuitions, nos intentions).

Pendant de nombreuses années, j'étais habité essentiellement par le courage, un mouvement qui pousse à « aller vers ». Or, la voie de l'humilité m'amène à m'ouvrir à un autre mouvement, celui de « laisser venir ». « Aller vers » est la marque du Héros courageux qui poursuit une cause, une quête, un objectif. « Laisser venir » est la marque du Sage qui ralentit et se met à l'écoute des signes de la vie, des autres et de ses intentions profondes. Le Sage découvre alors le point de rencontre des messages de la vie, de ses intentions et de celles des autres. Ce point de rencontre permet au Sage de choisir l'action juste à poser, la meilleure route à emprunter.

Otto Schamer, professeur américain, et Mario Cayer, professeur de management à l'Université Laval, nous proposent de développer ce qu'ils appellent le *presencing,* qui consiste à développer sa qualité de présence : être présent à soi, à ce qui est, à son environnement, aux autres. Un peu comme les mouvements de la parole et de l'écoute qui se complètent, les mouvements d'« aller vers » et de « laisser venir » sont essentiels à l'exercice du pouvoir. Notre société valorisant beaucoup le premier mouvement, il est alors plus facile et plus glorieux d'«aller vers» que de «laisser venir». C'est donc sur le second mouvement que nous, en tant que leaders, devons travailler. Il s'agit certes d'un mouvement pratiquement révolutionnaire dans un monde d'action et de vitesse.

Le silence

Quelle place le silence occupe-t-il dans votre vie? Le *vrai* silence, je veux dire. Pas seulement le silence produit par le fait de ne pas parler. Pas seulement le silence qui résulte du fait d'*éviter* de parler (en plein comité de direction par exemple, quand on décide de faire preuve de sens politique). Pas seulement le silence qui découle de l'absence totale de bruit extérieur. Quand je dis *vrai* silence, je parle surtout du silence de l'ego. Du silence qui survient en nous quand on dit «stop!» aux mille et une pensées de toute nature que nous avons sans cesse. Quand je dis *vrai* silence, je parle de silence *intérieur*.

Pour ma part, j'étais très naïf quand j'ai commencé à vivre des retraites de silence et à méditer. J'attendais impatiemment qu'il se passe quelque chose, voire une illumination, pour ne pas dire une révélation. Or, ça ne fonctionne pas ainsi. Dans le silence, il ne se passe pas grand-chose. Le silence permet simplement de faire de l'espace en soi-même pour que quelque chose émerge ensuite.

Quand vous aurez expérimenté le silence dans votre vie, osez l'essayer dans votre entreprise. Vous l'avez peut-être déjà fait involontairement: combien de fois avez-vous quitté une réunion pour aller aux toilettes et en êtes-vous revenu avec une idée ou une solution à un problème dont vous discutiez depuis une heure? Il se dit souvent trop de mots dans les comités de direction: on ne s'entend plus penser.

À la prochaine réunion du comité de direction, lorsque vous sentirez l'impasse ou que le ton montera, proposez une minute de silence. Présentez-la comme un time out dans le sport. Quand les joueurs jouent n'importe comment, chacun pour soi, le coach exige un time out pour ramener leur attention sur le match.

Il faut beaucoup d'humilité pour accueillir le silence dans son organisation, d'autant que nous avons plutôt tendance à combler le vide, de peur de laisser filer des occasions.

Considérons un exercice de négociation collective. La partie qui compose le plus mal avec le silence essayera constamment de l'habiter. Ce faisant, elle ne laisse pas l'autre terminer sa pensée, aller au bout de son idée et lui faire découvrir ses intentions profondes, les réels enjeux de la négociation pour elle et ses membres. Nous ne parlons pas ici de la stratégie consistant à cacher ses cartes dans le but de déjouer l'autre, comme au poker ; mais bien de « laisser venir » l'autre jusqu'à ce qu'il nous parle vraiment de ce qu'il porte en lui.

Cet exemple de l'attitude à adopter en négociation collective montre bien comment, si vous osez l'utiliser, le silence peut devenir un puissant outil de gestion. Dans une équipe mature, on peut même, tous ensemble, choisir de garder le silence pendant une minute, cinq minutes, peu importe. Du moins, le temps que la poussière retombe, que l'eau redevienne limpide. Dans la folie de l'action nous entrons souvent dans des débats qui nous amènent à sortir nos armes, nos munitions. Or, deux minutes de silence nous permettent de déposer les armes, donc faire une trêve pour revenir au vrai dialogue.

Avec vos employés, savez-vous faire silence ? Cela ne se résume pas à garder votre bouche fermée. Vous devez aussi faire silence à l'intérieur de vous-même pour que l'autre sente que vous lui réservez un espace pour l'accueillir et l'écouter.

Alors qu'il dirigeait la TOHU, Charles-Mathieu Brunelle a tenté l'expérience d'une heure de silence. Ses employés ont tellement aimé l'expérience que cette heure s'est transformée en une demi-journée de silence par mois.

Pierre Marc Tremblay, du groupe Pacini/Commensal, dans un témoignage au cours d'une activité que nous avons organisée ayant pour thème « Un monde du travail en quête de sens », nous a enseigné en blaguant les vertus de « fermer sa gueule ! ». Pour lui, cela se passe sur le plan de la parole, de l'esprit – le hamster qui roule sans arrêt dans notre tête – et aussi du BlackBerry… 24|7

Faire silence, c'est aussi limiter le flot de courriels. Si vous vous souciez de la santé mentale de vos employés, cessez de les inonder de courriels. Réduisez les copies conformes – qui constituent à mon avis un manque flagrant de confiance. Communiquez uniquement lorsque cela s'avère pertinent.

Un silence peut être une façon de dire : « J'ai été heurté. » Je prends ainsi un temps d'arrêt avant de revenir vers celui qui m'a blessé. D'autant que faire la part des choses (relativiser) avant de réagir limite souvent les dégâts. Par exemple, lorsque je me chicane avec un de mes fils, je fais souvent une trêve en silence. Lorsque nous reprenons la discussion, c'est pas mal plus doux. Il faut résister à la tentation de se justifier, de vouloir avoir raison et, surtout, de vouloir à tout prix que l'autre comprenne le point de vue qu'on soutient. Le silence me ramène à moi-même et m'aide à entendre ma part de responsabilité et ma réelle intention.

Durant mes conférences, je planifie souvent une minute de silence. Mais, juste avant, je pose une question aux participants pour qu'ils y réfléchissent pendant ce silence. Résultat : plusieurs années plus tard, ils se souviennent encore de leur réponse à ma question… parfois plus que de ce que j'ai dit pendant la conférence.

Avant de prendre la parole à Trois-Rivières, devant 2 000 personnes, mes collègues m'ont dit : « Tu ne feras certainement pas une minute de silence cette fois-ci : il y a trop de monde.

– C'est sûr, ai-je acquiescé, ce serait le chaos. »

Toutefois, pendant la conférence, mon intuition me pousse à défier le bon sens et à oser le silence. Je l'ai obtenu ! Un immense respect s'est installé. Certains auditeurs m'ont ensuite confié que c'est à ce moment précis qu'ils se sont sentis le plus reliés aux autres ; qu'ils ont pris conscience de la présence de leurs collègues autour d'eux.

Il m'aura pris des années avant d'oser ces périodes de silence pendant mes conférences. Il me fallait simplement faire preuve d'une certaine humilité et reconnaître que me taire peut être beaucoup plus bénéfique que tout ce que je pourrais dire.

Une période de latence dans notre vie nous invite au silence. Accueillir cette période où il ne se passe rien, où je ne sais plus trop vers quoi me diriger, exige de l'humilité. Tous, nous traversons ces passages à vide, de doute, d'absence de sens ou d'ennui. Nous sommes tellement dans l'agitation, l'activité, la fuite en avant que nous voyons ces périodes comme une faiblesse. Nous nous culpabilisons de ne pas avoir vu venir ce vide. Habitués à tout contrôler, nous nous sentons déstabilisés. La peur s'installe : suis-je en train de m'enfoncer dans la dépression ? nous disons-nous.

Mais si cette période de latence était plutôt une occasion ? Pour le savoir, il faut l'accueillir sans jugement, ce qui exige énormément d'humilité. Peut-être que votre cœur et votre esprit ont simplement besoin de se mettre en veilleuse. C'est une invitation à ralentir. Au lieu d'en vouloir à la vie, profitez de ce temps pour l'explorer.

J'ai été très touché, l'autre matin, par la confidence d'un leader d'une grande entreprise.

Les participants étant invités à exprimer ce qu'ils souhaitaient pour l'année à venir, ce leader a dit : « Je n'ai aucune intention. Je ne sais pas, Je ne sais plus. » Il s'est ensuivi un moment de silence. Puis une leader a ajouté : « Tout à l'heure, j'ai partagé mes intentions avec vous. Mais, à la lueur de ce que tu viens de dire, je m'aperçois que je ne sais plus si c'est vraiment ce que je veux. » Le leader lui a répondu : « Avant de vous le dire, je n'en avais parlé à personne. Mais depuis que je l'ai dit, je me sens mieux. »

Voilà bien un exemple de cohabitation de joie et de souffrance. Ce leader souffre, mais, en même temps, il y a certes quelque chose de libérateur à se donner le droit de ne pas savoir. C'est une occasion pour lui de descendre en lui-même, mais aussi un moment pour se mettre à l'écoute, dans le silence, de ses vice-présidents qui ont peut-être une idée ou une intention à partager.

Accueillir ces périodes de latence où on accepte de ne pas tout savoir est une des plus belles formes de silence. C'est également une preuve de confiance en la vie. Le silence est une rencontre avec soi.

Pour Lucie Lacroix, directrice d'un CSSS, les retraites de silence qu'elle s'offre une semaine par année, depuis 15 ans, lui ont permis de se mettre en contact avec l'essence de ce qu'elle est et d'assumer le fait qu'elle se sente appelée à diriger avec tendresse. En somme, ces retraites lui permettent, au retour, d'être davantage le type de leader qu'elle est en son for intérieur.

Et vous, tentez l'expérience du silence : d'abord cinq minutes, puis une heure, et ensuite quelques jours. Ce sera une belle rencontre avec vous-même !

―――

L'obéissance et l'autorité

Pendant des années, j'étais plutôt un rebelle. Pas question que moi, Rémi Tremblay, je me place sous l'autorité de quelqu'un sous prétexte qu'il soit un patron, un parent ou une divinité. Et j'avais tout à fait raison. Ce n'est pas parce qu'on possède un titre qu'on est à la hauteur et qu'on mérite qu'on nous obéisse, me disais-je déjà à l'époque.

En effet, l'autorité n'est pas quelque chose qu'on demande ou qui nous est délégué d'office par un titre : on la reçoit, on la mérite. Dans ce sens, le psychiatre Scott Peck écrit dans son livre *Ainsi pourrait être le monde* que le pouvoir n'est pas quelque chose qu'on prend mais bien qu'on reçoit. D'ailleurs, il ajoute que lorsqu'un groupe d'individus vous offrent le pouvoir, vous avez la responsabilité de l'accepter.

Imaginez ma réaction lorsqu'on m'a demandé, il y a quelques années, d'apparaître dans une série de capsules sur le thème de l'obéissance et l'autorité… J'ai hurlé de rire ! Les organisateurs ne s'adressaient vraiment pas à la bonne personne ! Mais j'ai accepté et, aujourd'hui, je les en remercie, car ils m'ont forcé à réfléchir à ma relation à l'autorité et à l'obéissance. J'ai réalisé que, somme toute, je peux me montrer extrêmement humble et docile. Quand je reconnais chez l'autre le talent que je n'ai pas, je lui obéis sans rouspéter. Je ne m'incline pas devant le titre, mais j'obéis toujours au talent. De plus, comme patron, lorsqu'un talent est requis, je délègue l'autorité nécessaire à celui qui le possède. Je descends à l'intérieur de moi, dans une zone d'humilité qui me permet de me rallier à la décision de l'autre. Et ce, même si, en tant que patron ou propriétaire de ma boîte, je suis convaincu d'autre chose.

Le talent et l'intelligence doivent faire autorité. D'ailleurs, je crois que selon les enjeux et les situations que vit une entreprise, le leadership doit se déplacer, être partagé. Le talent requis pour bâtir une organisation n'est pas le même que celui pour passer à travers une récession. Il faut avoir l'humilité de se dire : « Pendant les six prochains mois, ce vice-président s'occupera de la gestion, tandis que moi, qui suis un développeur, je me consacrerai au développement des affaires et aux clients. »

Sur une période de 10 ans, une organisation peut avoir eu un seul président, mais le pouvoir peut avoir circulé entre plusieurs mains pour s'adapter aux circonstances et servir le bien commun. N'est-ce pas une belle façon d'assurer la relève que d'identifier les cadres qui ont du potentiel ?

131

Il est sain de déléguer l'autorité, de se retrancher momentanément dans son talent le plus significatif. S'accrocher au pouvoir témoigne d'un manque de confiance en soi et d'un besoin excessif de contrôle. Nous agissons ainsi pour tenter d'apaiser notre insécurité. Mais cela n'a rien d'utile. Malheureusement, plusieurs patrons refusent de lâcher prise. Quelle prétention que de penser être le leader de toutes les situations, de tous les projets, de tous les enjeux !

Le grand leader n'est-il pas celui qui a l'humilité de reconnaître qu'il ne l'est pas ? Du moins, de cette façon, il limitera les dégâts pour sa propre tranquillité intérieure et pour celle de son organisation. Et il demeurera serein. Mais il faut pouvoir composer avec le regard des autres qui peuvent juger cette stratégie comme la marque d'un faible leadership. Or, reconnaître ses limites exige pourtant une grande force.

Je ne crois pas qu'on puisse être en situation d'autorité et bien l'utiliser si on est incapable de se mettre sous l'autorité de quelqu'un d'autre. Aujourd'hui, plus qu'hier, il m'est facile d'obéir à un ou une leader que j'admire et que je sais capable d'inspirer le bien commun.

Expérimentez l'obéissance, reconnaissez l'expertise de l'autre et vous découvrirez alors une source de paix et de tranquillité. Parfois j'en ai tellement plein le dos de prendre des décisions qu'au resto je demande au serveur de choisir pour moi. Il sait mieux que moi quel est le meilleur plat du jour et la spécialité de la maison. Parfois, qu'est-ce qu'il est bon de simplement exécuter !

Au cours d'une rencontre avec un des groupes de réflexion réunis dans le jardin japonais du Jardin botanique de Montréal, j'avais prévu la façon d'accueillir une nouvelle membre. Patrick, un autre membre du groupe, m'a devancé en prenant la parole le premier. Ce qu'il a dit était tellement juste qu'il a parfaitement intégré la nouvelle participante. Si je m'étais braqué dans mon rôle d'animateur et avais insisté pour faire ce que j'avais préparé, je me serais privé d'une qualité d'accueil bien plus grande que celle que j'aurais offerte. Patrick a su créer un moment qui nous a profondément touchés.

Accueillir les nouveaux membres des groupes est officiellement ma tâche, puisque je suis l'animateur. Mais j'ai laissé aller Patrick, en toute confiance, car je sais qu'après cinq ans il porte clairement la vision et les valeurs du groupe.

En effet, le premier rôle d'un leader consiste à porter la vision et les valeurs de l'organisation, ce que je fais auprès de mes groupes. Mais, comme tous les leaders, je n'ai pas tous les talents. Ainsi, en fonction du talent requis dans telle situation, je peux demander à certains, comme Patrick, de me relayer. En autant, bien sûr, que je conserve mon rôle de gardien des valeurs et de la vision de l'entreprise. Mais je me suis toujours soucié que mes leaders, qu'ils soient directeurs de bureaux ou animateurs de groupes, m'aident à incarner et diffuser ces valeurs et cette vision. C'est d'ailleurs pour cette raison qu'ils ont été choisis.

Il y a d'autres façons que la façon traditionnelle de choisir un patron, à savoir celle où le leader hiérarchique décide tout seul de ce qu'il croit bon pour l'organisation.

Chez les moines bénédictins, comme dans plusieurs autres congrégations, ce sont les moines qui élisent leur supérieur. Ils choisissent celui qui incarne la vision de la congrégation et qui constitue un modèle pour les autres. Ce leader, bien sûr, doit être habile pour diriger des hommes. Et il apprendra à le devenir s'il ne l'est pas encore tout à fait. Et concernant le projet de l'« entreprise » (l'abbaye), il n'a qu'à être lui-même, puisqu'il l'incarne parfaitement. C'est pour cette raison qu'on l'a choisi. L'abbé n'a pas choisi d'être leader ; il ne fait qu'accepter avec humilité de servir ses frères. Par exemple, dom André Laberge, le nouvel abbé de Saint-Benoît-du-Lac, rêvait probablement plus de poursuivre sa carrière de musicien, étant un grand organiste et claviériste, que de gérer la communauté. Mais on l'a choisi et il a accueilli cette mission avec humilité… et un brin d'humour.

———

Thérèse de Lisieux a dit : « Il faut faire confiance à plus grand que soi. On est toujours là où on devrait être. »

Les patrons que j'accompagne consacrent une énergie folle à se demander : « Suis-je à la bonne place ? Ai-je choisi la bonne voie ? Ai-je le bon partenaire ? » Je vous propose de laisser tomber. La question n'est pas de savoir si nous sommes à la bonne place, mais pourquoi nous y sommes. Qu'ai-je à apprendre là où je suis ? Quelle contribution puis-je apporter ?

Notre « moi idéal » nous répète constamment que nous devrions être ailleurs. Il faut, comme dit mon ami Serge Marquis, calmer notre « hamster intérieur » afin que nous puissions exprimer le mouvement perpétuel de nos pensées. Vous êtes exactement là où vous devez être. Il vous reste à trouver quelle devrait être votre contribution là, ici, maintenant. Et lorsque vous aurez appris ce que vous avez à apprendre et que vous aurez contribué à ce à quoi vous devez contribuer, vous vous demanderez alors s'il est temps d'aller ailleurs. Il vous faudra donc accepter avec modestie que vous n'êtes pas exactement là où vous *voudriez* être, malgré qu'à une autre échelle, au regard d'un mouvement plus grand que vous, vous êtes là où vous *devez* être.

———

Paul, un de mes clients qui travaille au ministère des Finances, est venu me voir en me disant :

– J'ai une offre d'emploi qui m'interpelle. J'ai l'impression d'avoir fait le tour du jardin.

Je lui ai répondu :

– Qu'est-ce que tu as appris là où tu es et quelle a été ta contribution ?

Il a réalisé qu'il avait effectivement appris de nouvelles choses, mais que, en trois ans, il n'avait pas réellement pu **accomplir de grandes choses ni laisser sa marque.** Six ans plus tard, il est toujours au ministère et il me remercie encore. Il est heureux de ne pas avoir succombé à la tentation d'un nouveau défi sans se poser les bonnes questions. Une belle preuve d'ouverture et d'humilité.

L'humilité consiste à prendre conscience qu'il y a quelque chose de plus grand que soi qui se nomme la vie et que, au fond, on décide de peu de chose. Le plus grand travail vers l'humilité consiste à accepter ce qui est. Que je suis un être humain. Que j'ai des limites. Que je ne contrôle pas tout. Que mes employés ne sont pas toujours heureux. Que mes clients ne sont pas toujours satisfaits. Que mes idées ne sont pas toujours les meilleures. Que je vais mourir. Que je souffre et, par conséquent, l'autre aussi. Ces constats vous attristent peut-être, mais c'est ainsi. Plus encore, je découvre qu'accueillir ce qui est s'avère apaisant et que de me donner un peu moins d'importance est au fond moins lourd à porter. Parce que je ne contrôle pas tout, ne sais pas tout, parce que je n'ai pas tous les talents et que la réalité me dépasse, j'ai besoin des autres. Je dois maintenant partir à leur découverte.

Accueillir *ce qui est* pourrait me donner le sentiment de ne pas être libre, mais, aujourd'hui, je trouve ma liberté intérieure en accueillant ma non-liberté… celle d'être un être humain et d'être convié aux aléas de la Vie. Cela me rend plus tranquille.

135

L'amour

Après avoir manifesté avec fierté la vertu du courage et découvert le Héros en nous, nous avons vécu ce que tout Héros affronte un jour : un face-à-face avec le mur de nos limites. Nous ne pouvons rien seuls ; nous avons besoin des autres. Ainsi avons-nous exploré la vertu de l'humilité, mais avec douleur par moments – il faut le reconnaître. Mais nous y sommes tout de même parvenus. Le Héros en nous a su faire de la place pour accueillir le Sage. Ce Sage nous a apaisés, calmés. Il nous a montré à nous détacher de nous-mêmes pour faire de la place aux autres, et à accueillir le personnage manquant nécessaire à la quiétude (tranquillité) de notre leadership : le Saint.

Le Saint en moi est celui qui est appelé à l'amour. Ce dernier chapitre parle justement d'amour et de gestion. Pendant des années, j'ai préféré nommer cette vertu « la générosité ». Je l'ai appelée ainsi à l'occasion des processus de sélection, lorsque je précisais mes trois attentes envers mes leaders : courage, humilité, générosité. Aujourd'hui, peut-être parce que je suis plus tranquille et que je m'assume plus qu'hier, j'ose employer le vrai mot : l'amour.

En ce moment, vous pensez probablement la même chose que cette dame qui a assisté à une de mes conférences au Capitole de Québec. Dans la fiche d'évaluation de l'événement, elle avait écrit : « Quelle conférence inspirante [...] Malheureusement, le conférencier a perdu un peu de crédibilité à mes yeux quand il s'est mis à parler d'amour. [...] Imaginez ! L'amour dans les services financiers ! »

Je l'avoue, son commentaire m'a refroidi quelque peu. Mais j'ai tout de même conclu que je devais parler davantage d'amour plutôt qu'autre chose qui semblerait d'emblée plus profitable aux yeux des spectateurs.

Pourquoi me suis-je entêté ? Pourquoi avoir pris ce risque ? Parce que je considère qu'il n'y a rien de différent entre un groupe d'êtres humains au travail et un groupe d'êtres humains à la maison. Il s'agit des mêmes personnes, soit des humains qui cherchent à aimer et à être aimés.

Je suis convaincu aujourd'hui qu'il faut remettre l'amour à l'honneur dans nos entreprises. Non pas l'amour passionnel ou filial, simplement l'amour universel de l'autre, de la vie et de la Terre. Or, quand j'aime quelqu'un, quelque chose ou un animal d'un amour universel, j'en prends soin.

Ainsi, l'amour est un mouvement vers l'altérité, à savoir mes employés, mes clients, mon conseil d'administration, mes partenaires, les citoyens de la planète, tous les autres êtres vivants et la nature. Or, ce mouvement vers l'altérité nécessite de notre part des compétences (vertus) relationnelles pour que notre amour puisse se rendre jusqu'à l'autre.

Dans ce chapitre, nous explorerons donc les vertus de bonté, de bien commun, de dialogue et de discernement. D'autant plus que l'amour nous pousse à nous mettre au service de toute altérité. Et nous en sommes capable, car nous avons appris grâce aux chapitres précédents à nous accueillir nous-même et à nous aimer.

Il m'a fallu énormément de courage pour entreprendre, à 22 ans, le projet de faire d'une nouvelle filiale le numéro un sur le marché. Le courage est donc la première vertu nécessaire au leadership que j'ai dû développer. Mais, rapidement, la vie m'a appris l'humilité. Elle m'a obligé à reconnaître que, pour devenir numéro un, j'avais besoin des autres.

Au moment où nous avons finalement occupé cette première place, une question s'est imposée : pour qui, pour quoi avons-nous fait tout ça ? Les réponses étaient plus douloureuses que la question. Pour qui ou quoi ? Pour moi-même, pour me réaliser, pour être reconnu et, bien sûr, pour nous-mêmes, pour être reconnus en tant qu'équipe et nous accomplir en tant que groupe. Mais également pour la frénésie de l'aventure.

Une fois que nous avons répondu à la question, j'ai découvert les limites de la satisfaction à travailler pour soi-même ou pour plaire aux autres, donc à soi-même. Dès lors, pour poursuivre l'aventure par-delà nos propres besoins et désirs, il nous aura fallu descendre plus profondément en nous-mêmes afin de trouver davantage de sens à ce que nous faisions. Nous sentions en effet que nous devions poursuivre notre route, mais dans le but de servir quelque chose de plus grand que nous : en travaillant à permettre le bonheur d'un plus grand nombre de gens.

Cela explique aujourd'hui ma foi qu'au-delà du courage et de l'humilité, l'amour s'impose comme un préalable au leadership exercé avec tranquillité, voire à tout exercice du pouvoir.

J'exerce un leadership tranquille lorsque je consacre mon énergie à servir un grand projet, une cause, un groupe avec tout mon cœur et mon intelligence, et en faisant de mon mieux. Ainsi, de prime abord, je ne vise plus la performance, mais le service.

Je suis un leader tranquille quand je me tiens à distance critique de toute agitation et de toute réaction, la mienne et celle des autres ; quand je prends le temps de ralentir, de réfléchir ; quand je sais prendre de la hauteur par rapport à moi-même et aux enjeux de mon entreprise ; quand je n'investis plus mon énergie à me remettre sans cesse en question, notamment en voulant être ce que les autres voudraient que je sois, donc quand je suis moins préoccupé par le regard de l'autre.

Je suis un leader tranquille quand j'ai abandonné la recherche du profit pour moi-même (pour ma crédibilité, mon image, ma promotion, l'accroissement de ma richesse) et que je cherche à poser des gestes justes plutôt que flamboyants. Par exemple, je cesse de vouloir avoir raison à tout prix et, par conséquent, j'arrive à passer d'une attitude de combattant obstiné à celle d'un interlocuteur attentif et ouvert au discours de l'autre, et à maintenir le dialogue jusqu'à ce qu'un consensus s'impose.

Je suis finalement un leader tranquille quand j'ai le courage d'être le leader que je suis, l'humilité de ne pas être celui que je ne suis pas et lorsque je consacre mon énergie à servir les autres avec amour.

Attention! Être tranquille ne signifie pas qu'il faille cesser de réaliser de grandes choses, de faire croître son organisation et d'y investir beaucoup d'énergie. Au contraire, vous serez d'autant plus tranquille si vous caressez de grands rêves et réalisez de grandes choses avec un grand nombre de personnes. L'un n'exclut aucunement l'autre.

N'avons-nous pas exploré que la tranquillité émane essentiellement de l'intérieur de soi-même? En effet, on peut trouver la tranquillité et la maintenir, même dans un environnement agité. Car ce qui conditionne notre tranquillité, ce n'est pas la réalité autour de nous, mais davantage notre façon d'entrer en contact avec celle-ci.

D'ailleurs, vous pourriez avoir les pieds dans l'eau, sur le bord d'un lac et, intérieurement, être complètement angoissé. Mais si vous êtes déjà un peu tranquille, l'environnement du bord du lac pourrait vous procurer davantage de tranquillité.

Je rêve qu'on cultive dans les organisations des environnements « bord de lac ».

Et, tout comme le courage et l'humilité, l'amour contribue à notre tranquillité.

Pour ma part, j'ai d'abord découvert le courage, puis l'humilité et ensuite l'amour. C'est pourquoi je vous les ai présentés dans cet ordre. Mais, à mes yeux, il n'y a pas de hiérarchie entre ces trois vertus ; l'amour s'ajoute simplement aux deux autres. Non pas pour faire de grands leaders, mais pour réaliser de grandes choses, et ce, en toute tranquillité.

Je vais vous faire la preuve que la capacité à aimer d'un leader est essentielle à la tranquillité, à la performance de son organisation, voire à la pérennité de celle-ci.

Cependant, l'amour seul, comme le courage ou l'humilité seuls, peut engendrer bien des dégâts. Mon ami le philosophe et auteur Jean Proulx dit d'ailleurs qu'« une valeur qui s'en va seule est folle ». En effet, combien de courageux généraux ont fait périr leur armée ? Combien de leaders ont empêché la croissance de leur organisation par manque de courage à l'approche d'un défi ? Combien de leaders trop aimants et indulgents n'ont pas su « dire les vraies affaires » à des employés non performants ?

———

N'empêche qu'explorer la vertu de l'amour m'a amené à réaliser à quel point celle-ci est pertinente dans le quotidien du leader. J'ai compris qu'une organisation dirigée par un leader aimant est plus performante. Finalement, ma réflexion sur l'amour m'a conduit à explorer la notion du bien commun au sein d'une organisation, ainsi que les notions de service, de dialogue, de discernement, d'humanisme et d'action de grâce.

———

Le bien commun

L'amour, en me décentrant de moi-même, de mon profit et de mon intérêt, me permet d'aller vers l'autre. J'ai en effet découvert qu'il y a une limite à ma satisfaction quand je suis uniquement mobilisé par un intérêt ou un désir personnel et que je suis, alors, au service d'une seule personne, à savoir mon ego. De plus, cette limite à ma satisfaction est d'autant plus claire si, pour me satisfaire, je dois faire souffrir d'autres personnes.

Imaginez ! Si le fait de ne servir que mes propres intérêts et désirs ne me satisfait plus, comment pourrais-je convaincre les autres de s'engager avec conviction à me servir ? À tout faire pour augmenter le profit de ma boîte et la cote de mon action ? Qui, le matin, se lève mobilisé par l'augmentation de la valeur de l'action de l'entreprise de son employeur ou par l'ampleur du dividende versé à son président ?

Il faut donc partir en quête d'une nouvelle motivation, autre que celle de ne servir que soi-même ou de servir un « roi », que celui-ci soit patron, actionnaire ou ministre.

Pour ma part, j'ai trouvé cette motivation dans la recherche du bien commun. Dorénavant, je ne suis vraiment heureux que lorsque j'ai le sentiment de servir un plus grand nombre de personnes. Et, mieux encore, lorsque nous sommes tous au service les uns des autres, dans le but de réaliser le bien commun.

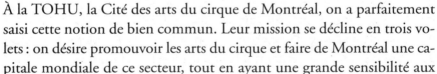

À la TOHU, la Cité des arts du cirque de Montréal, on a parfaitement saisi cette notion de bien commun. Leur mission se décline en trois volets : on désire promouvoir les arts du cirque et faire de Montréal une capitale mondiale de ce secteur, tout en ayant une grande sensibilité aux personnes, aux gens du quartier, aux employés, aux partenaires, aux spectateurs, et en respectant l'environnement.

Le bien commun que la Cité des arts du cirque de Montréal poursuit est clair : cirque, humain, terre. Allez y faire un tour. Vous serez touché en voyant à quel point les employés sont mobilisés par le projet commun. Un projet qui inspire et respecte les humains et leur environnement. Tous sentent qu'on les considère comme partie prenante du bien commun.

On est mobilisé par le bien commun quand, par exemple, notre motivation et notre satisfaction à réduire les coûts dans l'organisation proviennent de notre désir premier d'assurer la santé et la pérennité de celle-ci, notamment les emplois des gens en poste. Donc, le bien commun ne consiste pas essentiellement à augmenter notre cote de popularité auprès du conseil ou à accroître le montant de notre boni à la fin de l'année financière.

Comment se définirait la notion de bien commun dans votre organisation ? Chez vous, qui ou quoi est inclus dans cette notion ? Pour ma part, quand je parle de bien commun, j'évoque nos raisons d'exister en tant qu'organisation (les rêves et objectifs que notre équipe poursuit) ainsi que les clients qu'on sert, mais aussi les personnes et l'environnement écologique qui sont touchés par nos décisions et nos gestes.

Presque tous les patrons à qui je pose cette question à 1 000 piastres sont incapables d'y répondre. C'est qu'ils n'y ont même jamais réfléchi. Autant dire qu'ils n'en ont jamais parlé au comité de direction, d'autant que ça n'a jamais été à l'ordre du jour d'un C.A.

Je ne peux pas les en blâmer : dans la plupart des entreprises, le concept de bien commun n'existe pas. Une preuve ? Vous n'avez qu'à penser à ce qui se passe derrière les portes closes d'une réunion du comité de direction. En effet, autour de la table, il n'y a que des individus qui sont chacun patrons de leur service ; des individus principalement occupés à défendre leur service et leurs intérêts personnels. Tandis que, malheureusement, ils se font très peu de soucis pour l'autre et pour le bien de l'ensemble. Chacun, en fin de compte, ne s'intéresse qu'au succès de son unité d'affaires, tout simplement.

Il n'y a que des « je » au service de leur « je » et trop peu de « nous » au service d'un « nous » fédérateur et inclusif. Ainsi la question est la suivante : comment conserver une identité, donc un « je » fort, mais au service du « nous » ?

Le directeur du marketing se présente à ce comité pour expliquer aux autres v.-p. et au président que le marketing est le service le plus important de l'entreprise et que la majorité des nouveaux budgets devraient donc y être investis. Imaginez, alors, la confrontation lorsque le v.-p. du service informatique et celui de l'équipe de recherche et développement tiennent le même langage pour défendre leurs services respectifs ! Et, bien sûr, personne n'hésite à gaspiller les ressources de l'entreprise, et le temps de chacun, pour élaborer des mégaprésentations PowerPoint destinées à convaincre ses collègues qu'il a raison.

Oui, il est vrai qu'un leader doit assumer ce qu'il est (ses talents, ses valeurs, son identité) et avoir un « je » fort, donc avoir le courage de ses talents et de ses rêves. Mais lorsque vous vous présentez devant le comité de direction, il vous faut mettre votre « je » au service du « nous », donc accrocher, à l'entrée de la salle, votre chapeau de dirigeant ou d'employé, c'est-à-dire ne pas mettre de l'avant votre titre de fonction. Sinon, on y vient que pour se servir soi-même, défendre ses propres intérêts ou, à la limite, ceux de son service.

Or, il est essentiel, pour qu'une équipe retrouve du sens dans chacun de ses projets, qu'elle réfléchisse au bien commun de son organisation, et ce, dans le cadre d'une réflexion élargie qui inclut tous les acteurs en présence. Sinon, en fonction de qui, de quoi, de quelles valeurs prendra-t-elle des décisions ?

Bien sûr, sans devoir nécessairement poursuivre un bien commun, chacun peut néanmoins trouver sa cause personnelle.

Ainsi, si ma cause personnelle consiste à augmenter la croissance du chiffre d'affaires de mon service, je prendrai mes décisions en fonction de ce but, sans égard pour le bien des autres.

Toutefois, cette vision manque sûrement de perspective, voire d'amour. En effet, il faut puiser dans notre capacité d'amour envers les autres pour se décentrer de soi-même et, ensemble, définir le bien commun.

Pour vous aider à démarrer, je vous pose les grandes questions suivantes : Pour qui ou pourquoi existons-nous ? Qui voulons-nous servir ? Qui sera touché par nos actions et nos décisions ? Nous avons longtemps pensé, par exemple, que la mission des entreprises du secteur de la santé était le patient. Ce serait tellement facile si c'était si simple !

On sait maintenant que si l'infirmière, le préposé, le DG et tous les autres acteurs ne se sentent ni reconnus ni appréciés ou sont de plus en plus stressés, et si, parfois même, ils doutent de leur utilité, alors le bien commun de l'organisation s'en trouvera immanquablement altéré.

Dans un hôpital, le bien commun pourrait se définir ainsi : servir les patients, avec la plus grande humanité, tout en assurant un environnement propice au bonheur des employés qui les servent. Travailler au bien commun doit inclure tous les intervenants. Ainsi, Lucie Dumas, en prenant la direction du Centre de réadaptation de l'Estrie, s'est mise à transformer son organisation en un milieu de vie sain pour **tous** les acteurs.

Il y a quelques années, Lucie a découvert qu'elle n'était pas la seule, dans le milieu hospitalier, à croire en cette définition du bien commun. Elle s'est jointe à un groupe américain nommé Planetree regroupant des centaines d'hôpitaux partageant la même vision. Ces équipes de gestion croient toutes que l'augmentation de la performance de leur hôpital passe par l'humanisation des soins de santé et du milieu de travail. Elles considèrent, par exemple, que le mieux placé pour savoir ce qui est bon pour lui est le malade lui-même (et sa famille). Le patient fait donc partie de la définition du bien commun de l'organisation. Dans ce contexte, il est soigneusement informé par son médecin traitant du diagnostic de son problème de santé, de même que des choix de traitements. Bref, on lui consacre beaucoup de temps pour lui expliquer son problème de santé.

Les membres de Planetree ont la même vision pour l'ensemble du personnel soignant et administratif. Ainsi, l'infirmière sait ce qui est bon pour elle, autant en matière d'horaire que de ratio d'encadrement. Par exemple, au Centre de réadaptation de l'Estrie, on accepte presque toutes les demandes d'aménagement de temps de travail, à condition que celles-ci ne nuisent pas au reste de l'équipe. Pour y arriver, le ratio de personnes par poste est plus élevé.

Les employés du Centre étant ainsi responsabilisés et pris en compte, la vie est plus douce pour la directrice générale, qui est, elle aussi, partie prenante du bien commun.

On a donc une directrice plus heureuse, des patients bien servis et des équipes motivées. Faut-il s'étonner qu'au Centre de réadaptation de l'Estrie, on ait plus de facilité que toute autre organisation du secteur de la santé à recruter de la main-d'œuvre et à la conserver ?

Grâce aux résultats exceptionnels obtenus par l'approche Planetree, autant pour le bonheur des employés que pour la performance de l'établissement, plus d'une dizaine d'organisations de santé du Québec se sont joints à la division Planetree Québec. Je crois sincèrement que ces organismes du monde de la santé nous montrent la route. Il s'agit là d'une grande victoire de gestion dans un environnement jugé difficile et démobilisant.

Dans une entreprise privée, le bien commun pourrait consister à bien servir les clients, en offrant aux employés et aux partenaires un environnement propice au bonheur, tout en générant des bénéfices pour les actionnaires.

Toutefois, lorsque le bien commun se résume à augmenter la valeur de l'action, à bien faire paraître le patron ou à satisfaire le client à tout prix, on crée de la souffrance à coup sûr.

J'ai moi-même souffert, il y a quelques années, quand j'ai pris conscience que je m'étais oublié parmi toutes les grandes choses que j'avais entreprises pour mon organisation. J'ai réalisé que j'avais momentanément perdu de vue mes clients et mes équipes pour servir un patron qui réclamait toute mon attention. J'ai alors vécu de la culpabilité et une perte de motivation, car je ne trouvais plus de sens à mon travail. J'étais d'autant plus malheureux que ce qui me donne justement du bonheur, c'est l'interaction avec mes clients. Or, plutôt que d'être avec eux, j'étais occupé à justifier chacun des gestes que je posais et à écouter mon patron s'écouter parler !

J'ai aussi rencontré des infirmières en souffrance parce que leur organisation tolérait que des patients aient envers elles des comportements inadmissibles. On leur demandait d'être aimantes, tolérantes, mais le client/patient avait tous les droits... Visiblement, dans de telles organisations, le bien commun n'inclut pas le personnel soignant. Et cela est vrai dans bien des entreprises où on considère que le client est roi.

Plus récemment, durant la période de récession, combien de patrons ont subi la pression de devoir rationaliser leur personnel de façon sauvage, avec peu de marge de manœuvre pour négocier un délai raisonnable permettant de procéder, sans heurts, aux licenciements. En effet, ces leaders n'ont pas seulement souffert de devoir licencier une partie de leur précieux personnel, mais aussi de devoir le faire de façon cavalière ; plus encore, de devoir demander à leurs propres chefs de services d'agir de la même façon avec leurs employés immédiats.

Dans la plupart de ces cas, on ne parlait pas de situations où la stratégie de licenciements permettait d'éviter de transformer des profits en pertes, mais bien de maintenir à tout prix le niveau des profits du moment et la cote des actions à la Bourse.

Dans ce cas que nous évoquons, le bien commun n'inclut que l'actionnaire, d'où la souffrance des dirigeants, des employés et, à un moment ou à un autre, des clients. Ne demandez pas à un employé malheureux de rendre ses clients heureux.

Lorsqu'on a défini le bien commun de l'organisation, il ne faut jamais le perdre de vue. Il devient la référence qui nous permet de trancher, de choisir entre deux projets, deux candidats, deux idées, deux partenaires, deux investissements. Chaque fois, il faut opter pour la solution, le projet, l'idée ou la personne qui contribuera le plus à la préservation du bien commun. Or, cette attitude d'agir et de penser en fonction du bien du groupe n'est vraiment pas étranger au fait de désirer le maximum de bonheur et le minimum de souffrance pour le plus grand nombre d'individus, comme nous en avons parlé au chapitre portant sur l'humilité. C'est, en somme, une preuve d'amour pour les gens qui forment notre organisation ou qui gravitent autour de celle-ci.

Travailler uniquement pour soi, son service, son personnel, sans aucune notion de bien commun, sans amour, peut tenir un temps, mais pas longtemps. Tôt ou tard, cela mène à une impasse, car cela suppose une attitude guerrière. Or, le guerrier s'épuise. Et il épuise ses opposants. Si vous ne savez qu'étirer l'élastique de leur patience, vos collègues se lasseront rapidement de tout ce que vous leur demanderez ou suggérerez. Ils lâcheront prise, et l'élastique vous pétera à la figure !

Voici une anecdote qui illustre ce qui arrive lorsque vous empêchez vos employés de collaborer au bien commun.

Trois vice-présidents de la même grande entreprise sont venus me voir à tour de rôle pour me faire part du même état d'âme : « Je pourrais continuer à travailler dans ces conditions, mais je n'en ai plus envie. »

Tous ont invoqué l'absence de sensibilité de leur leader et son incapacité à entendre le point de vue des autres, leur détresse, leur inquiétude… En clair, ils n'ont plus l'impression d'être engagés dans la définition du bien commun de l'organisation. Et ils ne sentent pas que le bien commun, tel que défini par leur patron, les inclut encore. Cela reste toutefois une impression qu'ils ne peuvent valider, car, de fait, ils n'ont plus de discussion avec leur leader. Celui-ci est ailleurs… dans son monde, avec ses projets.

Le plus difficile pour ces trois v.-p., c'est qu'ils ont déjà goûté à autre chose. C'est qu'il n'y a pas si longtemps, ils dialoguaient fréquemment avec leur dirigeant, par exemple du bien commun de leur entreprise, qu'ils avaient participé à définir. Leur patron les considérait et il avait besoin d'eux. Puis, graduellement, leurs rencontres sont devenues des réunions d'information plutôt que des forums de discussion, de partage, de *brainstorming*.

Aujourd'hui, leur leader ne semble plus se soucier d'eux ni de leurs opinions. Obnubilé par le succès, l'argent, la gloire, il s'est perdu petit à petit et, dès lors, éloigné de ses racines, des valeurs qui l'ont poussé à fonder son entreprise et qui l'ont guidé pendant les premières années. Le bien commun, tel que défini de prime abord comme étant le bien-être de tous, est devenu son propre bien. Maintenant, rares sont ceux qui trouvent grâce à ses yeux, au sein de son organisation comme à l'extérieur de celle-ci. Rien ni personne ne va assez vite ni n'est assez visionnaire pour satisfaire ses désirs de croissance. Peut-être que sa vie mondaine l'a éloigné de la réalité, qu'elle lui a fait perdre les repères qui l'aidaient à comprendre le quotidien et les enjeux que vivent ses équipes sur le terrain. Bref, ce leader est de plus en plus isolé et, malheureusement, il n'en est pas conscient.

Je n'écris pas ce livre pour ces trois vice-présidents, mais pour leur patron et tous les autres dirigeants qui agissent comme lui. Quand vous avez l'impression que vous n'avez plus besoin des autres, c'est le début de la fin.

Faire le bien, c'est bon, apaisant. Et d'ailleurs, au moment de mourir, ce que nous aurons été pour les autres nous importera davantage que ce que nous aurons réalisé pour nous-mêmes.

L'envie de servir

Le chef d'orchestre Jean-Marie Zeitouni définit son rôle en expliquant que les musiciens ne sont pas au service du chef d'orchestre, mais, comme ce dernier, au service de la musique.

L'histoire des trois v.-p. me permet de réaliser qu'il y a un grand bonheur à contribuer à la réflexion sur le bien commun pour ensuite se mettre à son service. Privés de cette contribution, nous nous replions sur nous-mêmes et, dès lors, tout ce qui compte, c'est « moi, ma gang, mon service ».

Il existe un nombre faramineux d'organisations où, faute de bien commun, chaque service définit son propre bien. Agir ainsi se résume à nier une réalité fondamentale de l'univers : l'interdépendance. En niant ce fait, les organisations induisent des dommages énormes à l'entreprise. Il n'est plus question d'aider les autres à réaliser le bien commun ; chacun cherche plutôt de quelle façon il peut contribuer à réaliser **son** propre bien. Et c'est ainsi qu'on se met à entretenir des relations utilitaires avec ses collègues et qu'on se met alors à se prosterner devant toutes les personnes qui pourront servir **ses** intérêts.

Combien de vice-présidents complimentent les adjointes pour avoir plus facilement accès au patron et être dans ses bonnes grâces, car ils sont conscients du rôle très influent que jouent ces femmes. D'ailleurs, j'ai reçu les confidences de plusieurs d'entre elles, et sachez qu'elles ne sont pas dupes. Elles font très bien la différence, parmi les dirigeants, entre ceux qui sont intelligents et qui savent entretenir de saines relations avec leur entourage, ceux qui se soucient réellement d'elles et ceux qui ne cherchent qu'à les utiliser.

Il y a une limite à défendre un bonheur qui engendre de la souffrance chez les autres. Imaginez, par exemple, la souffrance de ceux qui ont le sentiment d'avoir été dupés, car ils réalisent que certains supposés amis ne les fréquentaient, en fait, que pour servir leurs propres intérêts personnels. Or, en ces circonstances, la stratégie de repli sur soi, sur son nombril, pour se protéger, ne peut être que temporaire. D'autant plus qu'elle nuit au bien commun de l'organisation et qu'elle nous fait souffrir. En effet, quelle source de gaspillage ! Pensez-y : pour le même salaire, vous pourriez en avoir bien plus pour votre argent ! Vos employés ne demandent qu'à servir, alors donnez-leur-en l'occasion. Sinon, ils iront servir ailleurs, là où le bien commun opère et donne un sens à leur quotidien.

Savez-vous pourquoi les gens font du bénévolat ? Pour combler leur be-soin inassouvi de servir. Puisqu'ils en sont privés dans leur organisation, ils le font ailleurs. Mais, souvent, les choses ne tournent pas comme prévu. On recrée dans l'organisme culturel ou communautaire le même com-portement – les mêmes tics – qu'on a développé au sein de l'entreprise.

Je l'ai constaté dans un organisme où intervient actuellement Esse Lea-dership. La zizanie s'est installée au conseil. Ses membres, tous animés de bonnes intentions, ont dérapé, tandis qu'ils s'étaient joints à cet or-ganisme pour servir le bien commun. Mais, une fois au conseil, leurs belles intentions se sont envolées, et ils se sont comportés de la même façon qu'à leur « vrai » travail. Autour de la table, ils ont fait étalage d'une série de « je » au service de leur « je ». Eh oui, on se chicane *aussi* dans les C.A. des organismes communautaires. Ce qu'on peut se faire du mal à vouloir faire le bien !

Pour sortir de cette impasse, j'ai demandé aux administrateurs de me rappeler pourquoi ils s'étaient joints à cet organisme. Ensuite, je leur ai proposé de démissionner, tous ! En effet, étant bénévoles et malheureux, et leur temps étant précieux, pourquoi leur fallait-il rester à tout prix ? Cela a soulevé un tollé : « Mais non ! Nous voulons vraiment aider.

– Alors si cette cause vous importe à ce point, pouvez-vous mettre vos ego de côté et la servir vraiment ? »

C'était tout de même incroyable ! Ces gens siégeaient tous au comité de direction de leur entreprise et y étaient tous malheureux. Et pour trou-ver un peu de réconfort, ils avaient décidé d'aller servir une cause, mais ils étaient aussi malheureux au conseil de l'organisme communautaire auquel ils s'étaient joints !

On ne soupçonne pas le nombre de gens remplis d'espoir qui partent en mission humanitaire pour y retrouver finalement les mêmes problèmes d'ego et de conflit qu'ils ont fuis. Pourquoi ? Parce ces femmes et ces hommes sont en conflit avec eux-mêmes ; ils sont incapables de servir, tout simplement.

Le conflit intérieur, le besoin trop grand de se réaliser, le besoin excessif de pouvoir, de richesse, de reconnaissance, de bonne conscience sont les principaux ennemis du bien commun.

Imaginons le patron d'une grande organisation qui vit un conflit intérieur, par exemple le sentiment qu'il y a belle lurette qu'il devrait être à la retraite. Toute son attention est monopolisée par ce questionnement qui n'en finit plus. Ai-je vraiment accompli quelque chose d'important ? Me suis-je rendu là où je voulais aller ? Devrais-je partir ? Bref, ce leader est totalement centré sur son conflit intérieur et, en plus, son énergie est mise à le camoufler. Il ne lui reste plus d'énergie pour se mettre au service du bien commun.

Prenons maintenant un leader qui, quant à lui, éprouve un besoin trop grand de se réaliser, laissant entrevoir une estime de soi et une confiance fragiles. Il cherchera constamment les défis qui lui permettront de se servir lui-même, mais pas nécessairement les défis qui sont justes pour l'entreprise. Bref, encore une fois, le bien commun n'a pas de place.

Pour ce qui est de la soif excessive de pouvoir, parfois elle est si grande que nos actions et nos gestes sont orientés en fonction de gagner du pouvoir et non de réaliser des choses. Combien de cadres ai-je vu s'acharner à convoiter des postes de haut niveau dans le but d'avoir une influence sur le plus grand nombre de personnes possible. De contrôler davantage plutôt que de servir le bien commun. Pour ces cadres, la question est : « Dis-moi le nombre de personnes qui relèvent de toi et je te dirai ce que tu vaux. »

Le dialogue et le discernement

Nous sommes issus de cultures d'entreprise qui tiennent davantage de la dictature que de la démocratie. Combien de décisions se prennent *top-down*, c'est-à-dire sans qu'on consulte ceux qui devront les mettre en pratique ou les subir ?

Et quand il y a un peu d'espace de discussion, le mode de communication le plus fréquent est le débat houleux, donc le mode du guerrier qui veut l'emporter sur l'autre.

Au contraire, aimer l'autre, son collègue, son employé, son patient, c'est reconnaître sa valeur et désirer entendre, connaître son point de vue.

D'emblée, je songe ici à une équipe de gestion que j'accompagne dans une de ses remises en question. Les gens qui la composent m'ont demandé de les aider à réfléchir ensemble sur le bien commun de leur organisation. Or, pendant nos rencontres, je n'ai assisté qu'à une dynamique de **débat,** voire de **combat** : chacun défend bec et ongles sa vision du bien commun. Rien à voir avec un **dialogue.**

Le dialogue survient lorsqu'on discute de différents points de vue jusqu'à ce qu'émerge une idée ou une solution partagée par l'ensemble du groupe. Au cours des échanges de cette équipe de gestion, un jeune gestionnaire a dit : « Je crois que c'est la responsabilité des patrons de susciter la créativité. » Une jeune collègue, gestionnaire elle aussi, a rétorqué sur-le-champ : « Je ne suis pas d'accord. C'est la responsabilité de tous. »

Pour ma part, j'étais d'avis que cette responsabilité revenait à chacun. Mais je me suis tout de même permis ce commentaire à la jeune femme : « Tu sais, que tu sois d'accord ou non avec ce qui vient d'être dit, ce n'est pas le plus important. Ce genre de commentaire nous amène, dès le départ, à chercher qui a tort et qui a raison, et il freine le dialogue. Ce qui est plus intéressant, il me semble, c'est de savoir ce que tu retiens de ce que l'autre a dit et ce que tu as le goût d'ajouter. D'ailleurs, tu es sûrement d'accord avec lui, puisque si la créativité est l'affaire de tout le monde, ce "tout le monde" inclut aussi les patrons. »

Elle aurait donc pu répondre à son collègue, dans un esprit de dialogue : « C'est intéressant, car je crois moi aussi que les patrons ont une responsabilité. Mais j'ajouterais que nous avons tous la responsabilité de susciter la créativité. » Or, la jeune femme, un peu choquée, m'a plutôt regardé de travers.

Toutefois, à la pause, elle est venue me voir avec un petit sourire pacifique appelant à une réconciliation :« Je crois que je viens de comprendre la différence entre le débat et le dialogue. C'est vrai, on s'en fout que je sois d'accord ou non ! » Une conscience venait ainsi de s'éveiller. Cette jeune gestionnaire ne sera plus jamais la même. Elle est la preuve vivante que les gens sont capables de se sortir du moule qui les a formés.

———

Une autre équipe que j'ai accompagnée dans sa réflexion a également réussi à passer du débat au dialogue. C'est arrivé pendant un exercice de définition de valeurs d'une grande firme montréalaise.

Au début du processus, chacun a nommé la valeur qui comptait le plus à ses yeux. Ensuite, les participants se sont réunis par groupe de quatre afin de ne retenir qu'une seule valeur par groupe, soit la plus utile pour l'organisation.

Après 30 minutes de délibération, aucune équipe n'était encore parvenue à un consensus. Or, en circulant dans la salle, j'ai réalisé que chaque participant tentait de convaincre les autres de la suprématie de sa valeur. Que des débats, pas de dialogue.

J'ai demandé un moment de silence, puis j'ai dit : « Vous voulez tous être compris, mais aucun de vous ne cherche à comprendre l'autre. À ce rythme-là, nous n'arriverons à rien. Je vous propose de tenter autre chose : chacun de vous va adopter la valeur de son voisin de droite et la présenter au reste du groupe comme si c'était la sienne. Cela vous forcera à essayer de comprendre pourquoi cette valeur est importante. »

À peine neuf minutes plus tard, chaque groupe avait fait consensus autour d'une valeur. Il ne restait plus qu'à déterminer ensemble laquelle des quatre serait celle qu'adopterait le groupe. Finalement, les leaders ont opté pour la valeur de *bienveillance*.

———

Pourquoi est-ce si difficile de se comprendre les uns les autres? Parce que nous sommes tous un peu stratégiques. Nous cherchons tous à être compris. Mais la compréhension exige la combinaison d'une personne qui cherche à être comprise et d'une autre qui cherche à comprendre cette personne. C'est vrai au travail, avec nos amis, dans notre couple et avec nos enfants.

Chaque fois qu'un dirigeant me dit « Je suis à bout de nerfs! Il faut que mes équipes comprennent que… », je lui réponds : « Mais qui doit comprendre qui? Ce qui m'intéresse, ce n'est pas de t'aider à être compris – appelle une boîte de relations publiques ou de publicité pour ça. Moi, je suis là pour t'aider à comprendre l'autre avec qui tu *communiques*… »

Saint François d'Assise dit, entre autres, dans sa prière à Dieu : « Aide-moi à chercher à comprendre plutôt qu'à être compris. »

Si saint Benoît a incarné la vertu de l'humilité, alors, à mes yeux, saint François d'Assise, comme le dalaï-lama, symbolise la vertu de l'amour. Un amour envers tous les êtres, pas seulement envers la nature et les animaux. En effet, vous aviez peut-être déjà deviné au fil de la lecture de ce livre que saint François d'Assise est un des personnages qui m'inspirent le plus; pour sa simplicité et sa capacité d'amour. Ainsi, je nous souhaite, à nous les leaders, et à tous ceux et celles que nous dirigeons, que nous puissions développer ne serait-ce qu'une parcelle du potentiel d'amour de saint François d'Assise.

Y a-t-il une plus belle preuve d'amour que de chercher à comprendre l'autre plutôt que de chercher à être compris? Vouloir comprendre l'autre, c'est se préoccuper de lui. Par exemple, si je reçois une plainte d'un client contre un employé, je peux soit chercher à être compris auprès de mes collègues – en soutenant de manière péremptoire que le comportement de cet employé envers ce client est inacceptable dans notre entreprise –, soit chercher à comprendre pourquoi cet employé a agi ainsi, puisque je lui fais d'emblée confiance et que j'ai toujours apprécié sa contribution.

Je vous propose donc d'explorer le dialogue au sein de votre organisation. Essayez une première fois, dans une situation courante, d'écouter votre vis-à-vis au lieu de chercher à le convaincre ou à le blâmer. Puis osez le faire dans une situation plus délicate où vous n'avez pas l'habitude de solliciter l'opinion de vos équipes. Si cela ne fonctionne pas, essayez encore. Selon moi, le dialogue est un art qui se développe à force de patience et d'amour. Ce dialogue vous permettra de discerner le bon du moins bon. C'est important, car il n'y a jamais deux meilleures solutions à un problème.

Vous découvrirez que plus votre équipe est mature, plus le bien commun est clair et plus le dialogue est ouvert, plus vous aurez de la facilité à discerner le bon du moins bon. Voilà comment ralentir permet d'aller plus vite.

Aimer ou être aimé ?

Revenons à nos trois vice-présidents malheureux qui reprochent à leur patron de les avoir abandonnés en s'isolant dans sa tour d'ivoire. Après les avoir écoutés, je les ai amenés sur une nouvelle piste : « Et si votre patron vous faisait souffrir parce que lui-même souffre de se sentir isolé ? Peut-être est-il malheureux dans son isolement ? Au lieu d'être en colère contre lui, pourquoi ne pas plutôt l'aimer davantage ? »

Le premier a répondu que ce ne sera pas nécessaire parce qu'il s'est débrouillé autrement : il a réussi à trouver la tranquillité dans le tourment. Ainsi, il arrive à faire son travail et à oublier son patron. Mais, à mon avis, cette stratégie d'évitement ne peut durer éternellement.

Le deuxième a déclaré qu'il ne pouvait l'aimer davantage, puisque son patron avait étiré l'élastique au maximum. Alors je lui ai demandé d'essayer la compassion. Il m'a répondu : « L'amour, non. La compassion, peut-être. »

Pourquoi l'un et pas l'autre ? Parce que, chez ce vice-président, aimer demandait un engagement émotionnel auquel il ne désirait plus consentir. Mais il m'a avoué ne pas avoir atteint une telle indifférence envers son patron, au point de ne pas désirer que ce dernier cesse de souffrir. Or, faire preuve de compassion signifie « vouloir que l'autre se libère de la souffrance ». Et ce vice-président était conscient que si son patron se libérait de sa propre souffrance, il cesserait alors de le faire souffrir, ainsi que tout le reste de l'organisation.

Le troisième vice-président m'a simplement répondu : « Je l'aime déjà beaucoup. Je suis touché par ce qui lui arrive et par l'impact sur mes collègues. » Ce vice-président est certes le plus paisible des trois, d'autant que cet homme est, je dois l'avouer, un être particulier, c'est-à-dire assez étonnant dans sa capacité d'accueillir l'autre tel qu'il est.

En effet, à ses yeux, même si son patron a changé ou qu'il s'est éloigné de lui-même et de ses valeurs du début, cela ne fait pas de lui une mauvaise personne pour autant. De plus, ce vice-président est aussi quelqu'un de très autonome qui a peu besoin de reconnaissance et qui demande rarement la permission avant d'agir. Il est donc un cadre qui possède un bon sens de la direction et qui le suit, en toute tranquillité. Ainsi, ce qui arrive à son patron l'affecte moins que ses deux autres collègues. En fait, ce qui le touche vraiment, c'est de voir son patron s'égarer. Mais cela ne l'empêche pas de fonctionner.

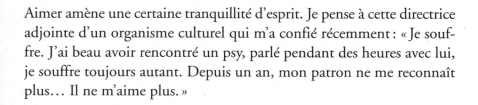

Aimer amène une certaine tranquillité d'esprit. Je pense à cette directrice adjointe d'un organisme culturel qui m'a confié récemment : « Je souffre. J'ai beau avoir rencontré un psy, parlé pendant des heures avec lui, je souffre toujours autant. Depuis un an, mon patron ne me reconnaît plus… Il ne m'aime plus. »

Je tente donc de l'accompagner dans ce que je crois être son problème : son patron ne l'aime plus. Puis, un jour, j'aborde la situation autrement : « Qui a commencé à ne pas aimer qui ?

— Pourquoi me demandes-tu ça ? rétorque-t-elle illico.

— Je te posais la question, juste en passant… peut-être aussi par intuition.

— C'est moi qui ai commencé à la suite d'un incident au travail. J'avais donc commencé à moins l'admirer et à moins l'aimer.

— Se pourrait-il que ton patron réagisse au fait que tu ne l'aimes plus et qu'il te le fasse payer ? »

Elle n'a bien sûr pas apprécié mon intervention : en lui posant cette dernière question, je la sortais de son rôle de victime pour la placer dans celui de bourreau… Nous avons tout de même persévéré sur ce chemin glissant. Elle a finalement reconnu ne pas aimer un grand nombre de personnes, mais que son petit cercle lui est cher et qu'elle lui est dévouée. Aimer lui apporte beaucoup de bonheur.

Sa confidence m'a fait oser une autre question : « Est-il possible que tu souffres davantage de ne plus aimer ton patron que de ne plus être aimée par lui ? » Silence radio de sa part et fin de notre entretien quelques secondes plus tard. Quatre jours plus tard, elle me téléphone : « Je ne souffre plus ! »

Cette femme a réalisé qu'elle a du pouvoir sur son problème : c'est elle qui décide si elle aime ou non son patron. Je lui propose alors un exercice. Tous les matins, pendant une minute et demie, elle se met en mode méditation et pense à ses enfants, qu'elle aime beaucoup. Mais elle doit ensuite demeurer dans cette émotion favorable pour penser à son patron et tenter de conserver le même état d'esprit positif à son égard.

Quelques semaines plus tard, elle me téléphone, triomphante : « C'est réglé : j'ai arrêté de ne plus l'aimer ! » Dans ses mots, il s'agissait d'une façon de me dire qu'elle avait cessé de ne plus l'aimer.

En fait, cette femme souffrait parce que, selon ses valeurs, elle s'en voulait de ne plus aimer son patron. Pour certains, il est plus souffrant de ne plus aimer que de ne plus être aimé. Maintenant que cette directrice adjointe a retrouvé un peu de paix, il reste à souhaiter qu'en se sentant aimé à nouveau, son patron se remette à aimer...

Un petit mot aux sceptiques qui s'imaginent que cette cadre est une granola invétérée qui passe son temps à parler d'amour et de paix : détrompez-vous ! Cette femme est une leader cartésienne, exigeante, performante, bref, une grande réalisatrice. Certes, elle aime son mari, ses enfants et un petit noyau de gens proches. Mais ceux qui ne sont pas dans son cercle pourraient facilement la qualifier de froide. Et pourtant, elle a besoin d'aimer. Si une femme comme elle en a besoin, j'en conclus que bon nombre de leaders éprouvent le même sentiment.

Quelques jours après cet épisode, mon fils aîné, Samuel, me parle de sa copine Éva-Maude, à qui il a dit : « J'aime tellement ça, t'aimer ! »

Après l'épisode de la leader de l'organisme culturel, cette déclaration d'amour peu banale de Samuel est venue confirmer pour moi que les mots « L'essentiel, c'est d'être aimé » que chante Ginette Reno auraient pu tout aussi bien être : « L'essentiel, c'est d'aimer. » En effet, quelle belle leçon de sagesse mon fils m'a offerte ! Il n'a pas dit « Merci de m'aimer » ou « Je t'aime », mais bien « J'aime t'aimer ».

Saint François d'Assise n'a-t-il pas dit, dans la prière citée précédemment : « Aide-moi à chercher à aimer plus qu'à être aimé » ?

Aujourd'hui, la leader a cessé d'aller voir le psy et de se poser toutes sortes de questions. L'énergie qu'elle consacrait à vouloir être aimée et reconnue, elle la dirige maintenant vers autre chose de plus créateur. C'est mieux pour sa santé et pour celle de son organisation.

Le potentiel de bonté aimante

Développer sa capacité à aimer et reconnaître son potentiel de bonté aimante, comme le nomme la moniale bouddhiste Ani Lodrö Palmo, inspire davantage à reconnaître ce potentiel chez l'autre. Ainsi, ce dernier n'est plus uniquement ce « maudit patron totalement centré sur lui-même », mais aussi un « maudit patron centré sur lui-même qui est également capable de bonté aimante et d'une bonne intention ».

Voici ce que vous pourriez dire à une amie qui a parlé de vous dans votre dos. Vous seriez tenté de vous adresser à la traîtresse en lui disant : « Espèce de *bitch*! Je pensais que tu étais mon amie. »

Vous pourriez aussi choisir de réfléchir quelques secondes, en vous rappelant sa capacité de bonté aimante et en vous adressant à cette partie d'elle-même pour lui dire ceci : « Tu sais, ce que tu as dit de moi à Pierre m'a blessé. »

Si vous vous adressez à la traîtresse, c'est elle qui vous répondra. Par contre, si vous vous adressez à la généreuse, c'est cette dernière qui a des chances de se manifester. Peut-être ne se manifestera-t-elle pas la première fois, mais gardez le cap. Conservez votre foi en la bonté fondamentale de votre amie.

Les chrétiens comme les bouddhistes développent cette capacité de voir le meilleur de l'autre. Les chrétiens nous disent de voir le Christ en l'autre. Les bouddhistes, pour leur part, saluent avec le terme *Namaste,* ce qui signifie « Je reconnais le divin en toi. »

Pas besoin d'être croyant pour mettre ça en application. Pensez à quelqu'un qui suscite une réaction épidermique de votre part et tentez de réfléchir, ou de méditer, sur la présence de cette bonté aimante en lui. Pour ma part, la plupart du temps, cette attitude a nettement amélioré mes relations sociales, en les rendant moins conflictuelles, si bien que je ne souffle plus sur le feu de la discorde au point de causer une rupture des relations avec un ami ou un collègue. La prochaine fois que vous croiserez une personne qui vous irrite, adressez-vous à la partie bonne en elle.

Le gentil patron

Ce n'est pas parce qu'on parle d'amour qu'il faut tout confondre. Par exemple, il y a une énorme différence entre un bon patron et un gentil patron. Le premier fait ce qu'il faut pour que son organisation progresse ; le second nuit à son entreprise à force de vouloir se faire aimer. En effet, ce dernier ne dit jamais ce qu'il pense, et surtout, évite de parler des « vraies affaires » ; il tergiverse, tourne autour du pot…

Aimer être aimé, c'est complètement humain, et nous en avons tous besoin. Le problème survient quand nous faisons tout en fonction de nous faire aimer. Ça finit par être vidant.

À l'époque d'Adecco, je n'ai jamais valorisé que mes dirigeants soient de gentils patrons. Prenez le cas de l'un d'entre eux qui avait un employé à problème. La dirigeante en question n'osait pas mettre les points sur les « i » avec lui. Lorsque je lui ai demandé, pour la centième fois, si elle avait – enfin ! – eu une discussion franche avec son employé, elle m'a répondu qu'elle ne pouvait pas, car elle l'aimait trop. Alors, exaspéré, j'ai répliqué : « Tu te trompes : tu ne l'aimes pas assez, sinon tu lui dirais la vérité. »

Le gentil patron qui sait qu'un employé n'est pas à la bonne place se tait. Il ne dit rien de peur que cet employé ne l'aime plus, laissant alors moisir cet employé dans un travail qui ne lui convient pas et où il est probablement malheureux. Ce dirigeant empoisonne aussi la vie des collègues de cet employé dysfonctionnel, qui sont probablement très malheureux de cette situation.

Confronté à la même situation, le bon patron va, quant à lui, aimer suffisamment cet employé pour le libérer d'un milieu qui n'est pas bon pour lui. Et il sera suffisamment soucieux du bien commun de l'entreprise pour préserver un environnement sain pour le reste de l'équipe. Qu'on sorte au plus vite les personnes toxiques avant qu'elles ne polluent l'air de tout un chacun, voire qu'elles ne le contaminent !

Linda Plourde, avec qui j'ai travaillé chez Adecco Québec et avec qui j'ai coécrit le livre *Découvrez... le bonheur au boulot!*, a déjà dit en parlant de notre entreprise : « Nous avons créé un microclimat de paix en fonction de notre définition du bonheur. Notre rôle de leader consiste à préserver ce microclimat. » Mission en apparence simple, mais qui exige beaucoup de courage et d'amour.

Le gentil patron pousse les problèmes sous le tapis, espérant qu'ils disparaîtront d'eux-mêmes. Le bon patron, lui, regarde les problèmes en face et ose des solutions.

Le gentil patron est le champion de la reconnaissance et du *feed-back* positif. Et c'est très bien. Mais, lorsqu'un employé est incompétent ou qu'il agit en incohérence avec les valeurs de la boîte, le gentil patron fait l'autruche et nuit à son entreprise : il craint de ne pas être aimé de cet employé s'il le réprimande ; il tolère tout et, par conséquent, il n'aide pas cet employé à grandir, à s'améliorer ; il n'aide pas non plus la boîte à mieux performer. Avec un tel gentil patron, on ne sait jamais si on a vraiment l'heure juste. De plus, puisqu'il ne dit rien de négatif, les compliments en viennent à perdre leur valeur. N'est-il pas formidable de travailler avec des gens capables de vous donner l'heure juste ? Vous savez que s'ils ne disent rien, c'est que tout va vraiment bien. Avec eux, on n'a pas à se remettre sans cesse en question. Si quelque chose cloche, on vous le dira. Quelle tranquillité cela nous apporte ! Il ne reste qu'à mettre notre énergie dans l'action et dormir tranquille.

En général, les gens préfèrent savoir la vérité même si elle est parfois difficile à entendre.

Le bon patron, pour sa part, peut manquer de tact; il pourrait en effet apprendre du gentil patron en matière de reconnaissance. Par ailleurs, il donne l'heure juste, et les situations conflictuelles et problématiques ne sont pas récurrentes, car elles se règlent aussitôt.

Le gentil patron s'agite; le bon patron agit. Le gentil patron est positif; le bon patron est constructif. Le gentil patron cherche à être aimé; le bon patron aime et cherche la performance. Le gentil patron est attentionné; le bon patron est attentif. Le gentil patron est gentil; le bon patron est... bon et juste.

Et vous, préférez-vous avoir un gentil ou un bon patron?

Vous savez, plus je vieillis, plus j'apprécie les vertus de la gentillesse, car elle apporte de la douceur à la vie. À condition, bien sûr, que nous restions dans la vérité et l'authenticité. Ici, l'exercice n'est pas de se juger ou de juger ceux que vous avez identifiés comme « d'épouvantables gentils patrons » mais d'arriver à se regarder soi-même. Bref, il vous faut assumer ce que vous êtes.

Suis-je un gentil ou un bon patron? Et, selon les personnes qui relèvent de moi, des situations auxquelles je suis confronté, laquelle de ces deux personnalités dois-je adopter? On n'est jamais tout l'un ou tout l'autre. Posez-vous la question suivante: comment se fait-il qu'avec telle personne ou dans telle situation, j'arrive difficilement à être un bon patron? D'où vient mon insécurité? Qu'ai-je peur de perdre?

Lorsque vous aurez répondu à ces questions, vous pourrez vous entourer de gens qui vous complètent et partager vos réflexions sur le gentil et le bon patron avec vos équipes. Par exemple, vous pourriez dire à vos collègues: « Je réalise que je suis plutôt un gentil patron et principalement avec tel type de personne. J'ai besoin que vous m'aidiez à passer du gentil au bon patron. »

Ils vous répondront probablement qu'ils sont heureux qu'enfin vous vous en rendiez compte. Et, loin de vous juger, ils vous aideront à être plus courageux et plus aimant. En effet, être un bon patron exige une bonne dose d'amour et de courage.

En contrepartie, vos équipes vous demanderont probablement de continuer à leur enseigner la gentillesse, la reconnaissance, les petites attentions, les encouragements. Bref, ils voudront que vous deveniez un bon patron sans cesser d'être gentil. Et vous n'en serez que meilleur.

Travaillons tous à être de bons patrons, de bons parents, de bons collègues en le faisant avec fermeté et clarté. Mais également avec douceur et gentillesse.

<hr />

Au cours d'une rencontre croisée sur le thème « Faire ensemble », entre le chef d'orchestre Jean-Marie Zeitouni et Pierre Marc Tremblay, le PDG des restaurants Pacini, ces deux leaders en sont venus à parler d'amour ; Jean-Marie pour évoquer l'amour qu'il porte à ses musiciens et à ses spectateurs, et Pierre Marc pour parler de celui qu'il éprouve pour ses employés et ses clients. Dans la salle, un participant a demandé si le rôle d'un patron était d'être aimé.

– Pas du tout ! Il consiste à aimer, ont-ils répondu.

Si l'orchestre de Jean-Marie et les restaurants de Pierre Marc fonctionnent bien, ce n'est sûrement pas parce que ces dirigeants font tout pour se faire aimer. C'est plutôt parce qu'ils savent faire sentir aux autres qu'ils les aiment. De fait, ce sont deux leaders aimants mais pas des gentils patrons. La nuance est capitale. Ils sont en effet mobilisés par le bien commun de leur entreprise et le bonheur du plus grand nombre de personnes. D'ailleurs, Pierre Marc Tremblay n'a pas hésité à congédier une cadre, pourtant compétente, parce que son attitude nuisait à l'atteinte du bien commun.

[Note manuscrite en haut de page : Par certain(e)s que tous les serveurs sont au courant de la philosophie de Jean-Marc]

Jean-Marie comme Pierre Marc sont tournés vers un bien commun, pour le bien des mélomanes et des gastronomes, comme pour celui des serveurs qui font découvrir de nouvelles saveurs et celui des musiciens qui jouent une grande œuvre musicale.

Le pardon

Pour un leader, savoir demander pardon est capital, nous l'avons vu précédemment. L'amour amène aussi le leader à savoir aussi pardonner. Tant qu'on ne pardonne pas, on se fait du mal à soi-même et on nuit à son organisation. Garder rancune exige beaucoup d'énergie, une énergie certes mal canalisée. Pardonner permet de tourner la page et de diriger cette énergie vers quelque chose de plus productif.

Pardonner, c'est aimer l'autre malgré tout. Pendant mes premières années comme dirigeant, mes employés ne me connaissaient pas vraiment. Ils disaient : « On t'aime, Rémi. » Avec le temps, ils m'ont découvert, et leur discours a changé. Ils disaient plutôt : « On t'aime quand même, Rémi. » Toute une nuance ! Je sentais qu'ils m'aimaient davantage, c'est-à-dire avec ce que je suis et ce que je ne suis pas.

En explorant l'humilité, j'ai cessé de demander, aux autres comme à moi-même, d'être parfait. J'apprends à accueillir l'autre tel qu'il est. Lorsque vous en voulez à un de vos employés, vous ne construisez rien avec lui. Et vous cherchez toutes les façons possibles de lui faire payer ce pour quoi vous lui en voulez. Vous ne tirerez aucune paix de ce comportement. On est toujours plus tourmenté par ce qu'on a fait aux autres que par ce qu'on s'est fait faire. Souvent, on demande pardon à l'autre parce qu'on ne s'est pas pardonné à soi-même.

Pour pardonner, il faut que l'ego s'apaise ; qu'on fasse taire la petite voix qui nous hurle : « Je ne peux pas croire qu'il m'a fait ça, à MOI ! »

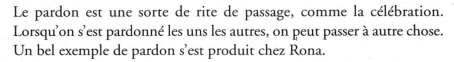

Le pardon est une sorte de rite de passage, comme la célébration. Lorsqu'on s'est pardonné les uns les autres, on peut passer à autre chose. Un bel exemple de pardon s'est produit chez Rona.

En 1991, alors que 50 % du personnel syndiqué du centre de distribution de Rona à Boucherville participait à une grève illégale, l'autre 50 % a continué d'entrer au travail. Or, selon la convention collective en vigueur chez Rona, si un employé ne se présente pas à son travail pendant trois jours, il perd son ancienneté. Et les employés qui sont restés en poste ont demandé que cette clause soit appliquée ; ce que la direction a fait. Les grévistes ont donc perdu leur ancienneté.

Lorsque tout le monde est revenu au travail, chaque clan avait la rage au cœur. Les premiers en voulaient aux seconds pour leur entêtement, et les seconds blâmaient les premiers pour leur manque de solidarité. On imagine facilement les conséquences d'un climat aussi tendu sur la productivité de l'entreprise.

Cette situation a perduré pendant des années. La confiance des salariés de Rona envers leur employeur s'est donc effritée. Mais, au fil des années, Rona a su regagner la confiance de ses employés, en créant de l'emploi, en faisant grandir la boîte et en devenant plus efficace. Si bien que les employés ont retrouvé leur sentiment d'appartenance.

En 1998, soit sept ans après ce conflit, les employés privés de leur ancienneté ont écrit une lettre demandant pardon à l'entreprise pour avoir participé à cette grève. Ils demandaient aussi que l'entreprise leur rende leur ancienneté en signe de pardon.

Une telle démarche vous étonne peut-être, et vous auriez raison. Tout comme vous, j'ai rarement été témoin de syndiqués demandant pardon d'avoir fait la grève ! Il faut savoir que Rona n'est pas une compagnie comme les autres ; sa culture d'entreprise et la relation que son président entretient avec ses employés n'ont rien à voir avec ce qu'on connaît habituellement. Par exemple, on n'y retrouve pas de service des ressources humaines, mais bien un service « personnes et culture ». Cette appellation démontre que, dans cette entreprise, on ne considère pas que les employés sont des « ressources » au même titre que le mobilier (ressources matérielles) ou les profits (ressources financières).

Chez Rona, tout est une question de relations entre les personnes : les employés, la direction, les clients. Une culture de service, quoi !

En prenant connaissance de la lettre des ex-grévistes, Robert Dutton, fidèle à ses valeurs humanistes, leur a dit qu'il leur avait pardonné depuis longtemps. Toutefois, il jugeait qu'il n'y avait pas que l'entreprise qui avait été lésée par cette grève illégale, mais aussi les collègues qui ont continué d'entrer travailler pendant le conflit ; des collègues qui en avaient encore gros sur le cœur. Ainsi, même si Rona redonnait leur ancienneté à ceux qui l'avaient perdue, cela ne réglait pas l'essentiel aux yeux de Robert Dutton. Pour lui, il importait plutôt de ramener l'harmonie entre les deux groupes. Or, la demande des ex-grévistes est devenue une occasion inespérée... d'y arriver.

Tenez-vous bien. Robert Dutton a fait quelque chose que tous les spécialistes en relation de travail lui ont déconseillé de faire : Rona a entrepris une démarche de pardon avec ses employés. Pendant neuf mois, ce dirigeant a rencontré, par petits groupes ou individuellement, les employés qui devaient accorder leur pardon aux ex-grévistes. Une démarche empreinte de simplicité, de grande écoute et d'ouverture. Au terme de ces neuf mois, Robert Dutton a demandé au syndicat de faire voter les employés, en leur demandant leur accord pour que les ex-grévistes retrouvent leur ancienneté en vigueur avant la grève : 86 % ont approuvé cette proposition.

L'approche de Robert Dutton peut en étonner plus d'un, car la plupart des dirigeants auraient opté pour une méthode de négociation traditionnelle qui aurait redonné, ou pas, leur ancienneté aux employés, selon l'issue du rapport de force. Peu importe cette issue, le retour de la bonne entente n'était pas garanti ; la colère et la rancœur auraient sans doute perduré. Or, le principal objectif pour Robert Dutton était l'établissement de relations harmonieuses entre les membres de son organisation. Une chose est sûre : ce PDG aime son monde.

Aimer son métier et son organisation

L'amour du leader s'incarne aussi dans l'amour de son métier. En effet, c'est uniquement en l'aimant qu'on peut bien pratiquer et faire évoluer son métier ou sa profession.

Aimer son métier apporte beaucoup de tranquillité : **il y a une adéquation entre ce qu'on fait et ce qu'on aime faire.** Aimer son métier importe beaucoup, mais il est tout aussi important d'aimer également son organisation et de vouloir son bien, car cela nous amène à être généreux envers nos collègues, et à nous tourner vers le bien commun. Au contraire, ne plus aimer son organisation pousse à se replier sur sa division. Même si on pratique toujours un métier qu'on aime, le faire pour une organisation qu'on n'aime plus engendre rapidement souffrance et déception.

Pourriez-vous être heureux dans une famille que vous n'aimez plus ? Dans une maison que vous n'aimez plus ?

Je suis toujours surpris du nombre de gestionnaires qui acceptent de travailler, donc de vivre dans une entreprise qu'ils n'aiment pas. C'est beaucoup plus fréquent que de trouver des gens qui n'aiment pas leur métier.

La solution, selon moi, ne consiste pas à dire : « Comme je n'aime pas cette boîte, je la quitte. » Je vous invite plutôt à prendre conscience de la souffrance qu'engendre votre indifférence envers votre organisation. Ensuite, répétez cette phrase : « De toute façon, je suis là et exactement là où je dois être. »

Vous pouvez choisir de rester au sein de votre entreprise et de la transformer. Dans ce cas, je vous pose la question suivante : en quoi voudriez-vous que votre organisation soit différente ? Rappelez-vous la phrase de Gandhi : « Soyez le changement que vous voulez voir dans le monde. »

Je lance une seconde invitation aux leaders qui n'aiment plus leur organisation : développez votre capacité à l'aimer davantage ! Comment ? Imaginons que vous êtes amoureux de l'Italie ; que ferez-vous ? Vous vous intéresserez à elle. Vous irez la visiter. Vous tenterez de la découvrir. D'en savoir plus sur ses habitants, ses coutumes, etc. Faites la même chose à propos de votre entreprise : partez à sa découverte, essayez de la comprendre.

On part souvent trop tôt, par indifférence, par colère, par tristesse. Alors qu'on devrait plutôt partir lorsqu'on a compris pourquoi on était là, qu'on a appris ce qu'on avait à apprendre et contribué à ce à quoi on avait à contribuer. Du coup, notre départ devient une action positive pour aller vers le bonheur et non pas pour fuir le malheur. Et cela, sans laisser les autres dans le malheur, car notre départ se fait au bon moment, dans l'harmonie.

Je constate souvent qu'on regarde ce que l'organisation ne donne pas et rarement ce qu'elle donne. Par exemple, un des cadres que je conseille traversait une période de doutes. Il avait perdu tout enthousiasme et sa motivation au travail. Je lui ai alors demandé s'il aimait encore son entreprise. « Non, mais j'aime mon métier et ma division, m'a-t-il répondu.

– Qu'est-ce que ton organisation t'apporte ? » ai-je enchaîné.

Silence. Il n'a rien trouvé à dire. J'ai répondu à sa place : « Sa confiance, non ? Après tout, tu as été nommé responsable d'une division importante à 37 ans.

– C'est vrai, a-t-il répondu.

– Et tu as beaucoup d'espace pour prendre des décisions, non ?

– C'est vrai aussi.

– Tu te plains du manque d'argent. Mais quand tu arrives à en trouver, peux-tu réaliser les projets que tu veux ?

– Oui, a-t-il dit sans hésiter.

– Tu as la confiance et la liberté. Somme toute, tu es dans une super-boîte, ai-je conclu.

– C'est ça, je vais l'inscrire au concours de l'employeur de l'année ! a ironisé le cadre.

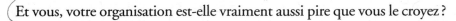

Et vous, votre organisation est-elle vraiment aussi pire que vous le croyez ?

Votre boîte est tout ce que vous ne lui reconnaissez pas, c'est vrai. Mais elle est aussi tout ce que vous ne voyez plus. Je n'insisterai jamais assez sur le concept d'inclusion : la vie, ce n'est pas ceci *ou* cela ; c'est à la fois ceci *et* cela.

À ce stade de la réflexion, la question n'est plus de savoir si votre boîte est bonne ou mauvaise : nous venons d'établir qu'elle est les deux à la fois. Il faut plutôt établir si elle vous offre ce qui importe à ce moment-ci de votre vie. Convient-elle à vos rêves et à vos talents ? Y avez-vous déployé ce que vous aviez à y investir ? Y avez-vous appris ce que vous aviez à y découvrir ?

En répondant à ces questions, vous pourrez décider si vous restez ou pas, comme pour ce fonctionnaire du ministère des Finances qui est encore en poste, six ans après avoir pensé qu'il était temps pour lui de partir et considéré une autre offre.

Et si vous quittez votre organisation, ce ne sera pas parce qu'elle est mauvaise – un jugement de valeur qui ne mène nulle part –, mais bien parce qu'elle ne correspond plus à ce qui vous importe vraiment ; ou parce qu'elle ne s'avère plus un environnement propice à y devenir ce que vous désirez être.

Aimer aimer

Maintenant que vous pratiquez un métier que vous aimez dans une organisation que vous aimez aussi, et avec laquelle vous avez appris à vivre, une autre exigence s'impose au leader que vous êtes pour que vous puissiez trouver la tranquillité : il faut aimer aimer. Cela n'est pas donné à tout le monde, et ce n'est pas grave. Mais si vous n'en êtes pas capable, oubliez le leadership !

Je me souviens du commentaire d'une collègue à ce sujet : « Toi, Rémi, tu donnes peu à un grand nombre de personnes. Et moi, je donne beaucoup à un petit nombre. » En effet, tout le monde n'est pas apte à gérer, diriger une équipe. D'autant que, parmi les gestionnaires, tout le monde n'est pas appelé à gérer le même nombre de personnes.

Pour ma part, l'employé qui relève de moi et qui a besoin de beaucoup d'attention sera certes malheureux : ce n'est pas mon style. Je ne pourrai donc pas combler ses besoins.

D'autres, par contre, y arrivent très bien. C'est le cas de Charles-Mathieu Brunelle, l'ex-directeur de la TOHU, aujourd'hui à la tête du Biodôme et de l'Insectarium. Il est passé d'une organisation de près de 200 employés à une autre qui en compte 600. Et c'est parfait ainsi. Alors qu'il était encore à la TOHU, je répétais à Charles-Mathieu : « Tu devrais gérer une plus grosse équipe, tu es fait pour ça. Il y a tant d'employés qui ont besoin d'un leader comme toi. »

Moi, j'ai parcouru le chemin inverse. Après avoir géré les 11 000 employés d'Adecco Canada, je suis parti et me suis rapidement retrouvé dans une petite boîte, la mienne. Aujourd'hui, je gère une plus petite équipe, mais je mets mon énergie au service d'un plus grand nombre d'organisations. Or, avant Esse Leadership, mon impact se limitait à un seul milieu de travail : Adecco. Aujourd'hui, je me sens appelé à cheminer auprès de plusieurs milieux de travail afin qu'ensemble nous les transformions et qu'ainsi nous augmentions le niveau de bonheur, et par conséquent la performance, des gens qui y œuvrent.

Notre capacité à aimer et à « aimer aimer » n'est pas statique. Elle change, elle évolue. Vous devez demeurer vigilant, car le rôle de leader est exigeant. Il est donc sain de se poser des questions avant d'accepter un poste de direction où on devra gérer – aimer – 50 personnes. Avez-vous ce qu'il faut à ce moment-ci de votre vie ? Avez-vous les capacités et l'énergie suffisantes ?

Peut-être n'est-ce pas le bon moment pour accepter cette promotion. Ou peut-être le temps est-il venu de prendre une pause du poste de gestion que vous occupez parce que d'autres sphères de votre vie exigent votre énergie et qu'il ne vous en reste plus pour diriger vos employés comme ils le méritent.

Prenez le cas de Julie, une cadre que j'ai dirigée. Au retour d'un congé de maternité, sa vie était en lambeaux. Son couple a éclaté au moment où elle a donné naissance à son premier enfant. Avec courage et lucidité, elle a reconnu ne plus avoir aucune énergie à consacrer à son personnel. Elle devait se reconstruire, reprendre confiance en elle afin d'être de nouveau disponible pour son équipe. Pour ce faire, elle a demandé à être mutée au secteur du développement des affaires pendant quelques mois. La vente, c'est son métier ; elle y excelle. Le pratiquer à nouveau lui a redonné confiance en elle. Entretemps, une directrice temporaire a été nommée. Quelques mois plus tard, Julie était prête à reprendre ses fonctions. Aujourd'hui, elle dirige encore le bureau, et celui-ci se porte très bien.

Voilà ce que j'appelle une entreprise *organique* : leader un jour ne signifie pas leader toujours.

Quand on réalise l'exigence d'amour associée au leadership, on se dit qu'il pourrait être sain de prendre ces responsabilités un certain temps pour ensuite se reposer un peu? Les animaux le font, pourquoi pas nous? En effet, un vol d'outardes a la forme d'un V. L'oiseau qui vole dans la pointe du V n'est pas toujours le même; il y a rotation. Même phénomène chez les pingouins: pendant les tempêtes, chacun va à tour de rôle se reposer au centre du groupe.

Le leader ne pourrait-il pas aller se reposer lui aussi? Retourner à un métier qu'il aime sans toujours avoir à porter la responsabilité d'humains?

De plus en plus de patrons osent prendre une année sabbatique. Pourquoi n'en prendriez-vous pas une, pour revenir à votre métier plus tard?

Depuis que Julie a osé retourner au développement des affaires pendant quelques mois pour se reconstruire, d'autres leaders de la même entreprise l'ont imitée. Il fallait que quelqu'un ouvre la voie.

Julie a d'abord pris cette pause pour elle-même, pour recouvrer son bien-être. Mais elle avait également assez de générosité envers son équipe pour reconnaître que cette dernière avait besoin d'une leader capable de donner plus. Elle a fait preuve de courage, d'humilité et d'amour.

Sentez-vous que vous avez l'énergie nécessaire pour aimer les gens qui relèvent de vous en ce moment? Ou vous sentez-vous essoufflé, vidé?

Vous vient-il le fantasme de retourner en recherche, en création ou en production, à refaire un métier qui vous passionne encore?

Êtes-vous assez fort et stable pour être un baobab? Cette image me vient d'Hubert M. Makwanda, conseiller en diversité et équité à la première vice-présidence de Capital humain et culture du Mouvement Desjardins. Dans une discussion sur le leadership, il a fait l'analogie suivante: « Et si le leader n'était qu'un baobab? Dans mon pays d'origine, en République démocratique du Congo, les gens viennent se reposer du soleil brûlant à l'ombre d'un baobab. Ils refont leurs forces avant de reprendre leur route. »

J'adore cette image : le leader accueillant, aimant, sur qui on peut compter, comme un baobab.

Je me souviens de mes premières années comme patron. Chaque fois que j'hésitais à embaucher un certain candidat, la directrice du développement me posait toujours la même question : « L'aimes-tu ? »

À l'époque, je la regardais de travers. Quelle drôle de question ! Ce qui comptait pour moi, c'était : ce candidat va-t-il faire la job, oui ou non ?

Et la directrice du développement me répondait invariablement : « Penses-y ! Dans les moments difficiles, aimeras-tu assez ce candidat pour investir le temps et l'énergie nécessaires ? »

Aujourd'hui, cette question m'est indispensable avant de procéder à une nouvelle embauche. Je la pose à tous mes clients qui me demandent de les aider dans leur démarche de recrutement. Pourquoi travailler avec des gens qu'on n'aime pas ? Les gens que j'embauche méritent que je les aime. La vie est tellement plus douce pour tout le monde de cette façon.

Toute cette réflexion sur l'amour ne sera utile que si elle se traduit dans les choix que je fais, les paroles que je prononce et les gestes que je pose. Un jour que nous philosophions sur la vie, ma mère m'a dit : « Mets juste un peu plus d'amour dans les gestes que tu poses, puis tu vas te transformer et transformer le monde. »

J'arrive vraiment à croire que l'amour nous transforme ; qu'il nous rend plus tranquille et que, peut-être, il transforme aussi le monde…

L'amour peut davantage…

Dire merci

Il paraît que dans la plupart des religions, une des plus grandes prières est l'action de grâce. C'est-à-dire la capacité à apprécier ce que la vie nous offre (les beautés de la nature, la santé, l'amour, l'abondance, les rencontres enrichissantes, les moments de sérénité, etc.), à le goûter et à dire merci.

D'ailleurs, lorsque deux membres des Premières Nations se croisent, ils se disent « Migwech », ce qui signifie « Merci ».

Pendant longtemps, je n'ai retenu de la fête de l'Action de grâce que le fait d'avoir congé d'école ou de travail ainsi que la dinde au souper ! Or, j'aime beaucoup le terme *Thanksgiving* utilisé par les anglophones, qui me semble encore plus clair et qui se traduit par « Dire merci ». D'ailleurs, aujourd'hui, je comprends d'autant mieux pourquoi on consacre une journée à l'action de grâce afin que chaque jour, chaque moment, devienne une action de grâce. En effet, si celle-ci est une prière, je prie alors toute la journée, car chaque fois que je prends conscience de ma chance, je dis « merci » pour la qualité des personnes autour de moi, « merci » pour la beauté de la vie, etc.

Pour moi, dire merci à la vie, dans ma tête ou à haute voix pour que l'autre m'entende, me permet d'abord d'en prendre conscience, ensuite de goûter ce moment heureux. J'en retire un sentiment d'abondance – je me sens privilégié. Et, par conséquent, ma relation au temps change. Par exemple, si je passe cinq minutes avec un ami, un collègue ou un client et que je prends le temps d'apprécier la qualité du moment, il m'apparaît plus intense, plus long. Je sens que j'ai vraiment profité de cette rencontre.

Souvent, j'arrive préoccupé aux rencontres avec mes clients. Les objectifs à atteindre et les « livrables » de notre entente me trottent dans la tête. Qu'il s'agisse de dénouer une situation conflictuelle, de réinventer la façon de vivre les réunions du comité de direction, de définir le bien commun de la boîte, je suis là pour que ces gestionnaires cheminent. En clair, j'ai un rôle à jouer. Il faut qu'il se passe quelque chose.

Et, chaque fois, ça se passe de la même façon. À un moment donné, je prends conscience du moment que nous sommes en train de vivre, de la qualité des personnes et du dialogue autour de la table. Et alors je dis merci.

Dire merci me rend davantage conscient de ce qui passe. Je ressens alors un grand apaisement. Et, finalement, je réalise qu'indépendamment des objectifs et des « livrables », ce qui est en train de se vivre transforme déjà le groupe. Par exemple, les rencontres sont de plus en plus vraies, les masquent tombent, la confiance s'installe et, petit à petit, nous ne sommes plus les mêmes.

D'ailleurs, en rédigeant ces lignes, je ne compte plus les fois où j'ai dit merci de la chance que j'ai de pouvoir écrire et surtout de pouvoir partager avec Diane ces réflexions.

Dire merci m'ancre dans le présent.

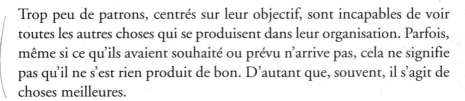

Trop peu de patrons, centrés sur leur objectif, sont incapables de voir toutes les autres choses qui se produisent dans leur organisation. Parfois, même si ce qu'ils avaient souhaité ou prévu n'arrive pas, cela ne signifie pas qu'il ne s'est rien produit de bon. D'autant que, souvent, il s'agit de choses meilleures.

Au printemps dernier, j'ai accompagné une directrice générale fraîchement promue. Elle m'a demandé d'animer, avec ses équipes, un dialogue autour du climat de travail. Elle espérait que ses employés arrivent à nommer leur inconfort par rapport à son style de leadership, très différent de celui de l'ancien patron.

À la pause, après deux heures d'une superbe discussion, elle me prend à part pour me dire sa déception devant le fait qu'aucun des employés n'ait nommé son inconfort. Ces derniers avaient plutôt évoqué que, depuis l'arrivée de cette leader, le client avait repris sa place dans l'entreprise et qu'ils se sentaient tous davantage impliqués dans la marche de l'entreprise. Ils ont aussi parlé de la chance qu'ils avaient de travailler ensemble, qu'ils s'appréciaient les uns les autres et qu'ils désiraient développer des relations encore plus authentiques et matures.

J'ai alors demandé à la leader : « Comment as-tu vécu les deux dernières heures ?

– C'était exceptionnel. Je ne pensais pas que mes équipes étaient aussi conscientes des enjeux de l'organisation », m'a-t-elle répondu.

Son coup de cœur est allé aux propos de deux directeurs qu'elle ne croyait pas capables d'autant de transparence. Je l'ai donc relancée : « Es-tu capable d'apprécier la qualité de la discussion que nous venons d'avoir ? Bien sûr, ils n'ont pas nommé leur inconfort. Peut-être parce qu'ils n'en ont pas. Peut-être parce qu'ils n'en sont pas conscients. Peut-être parce qu'ils n'ont pas senti que c'était le bon moment pour en parler. Mais, indépendamment de cela, n'as-tu pas l'impression que vous venez tous de faire un grand pas pour l'équipe ? Prends le temps d'apprécier et de dire merci pour la chance que tu as de travailler avec une équipe comme celle-là. Et apprécie à quel point ils te font confiance, en étant aussi transparents devant une leader qui vient juste d'arriver. »

Ainsi apaisée par mes propos, elle a davantage goûté la seconde partie de la rencontre.

L'action de grâce, dire merci, est une façon d'améliorer notre présence. C'est un acte d'amour.

Je vous encourage à développer ce réflexe : voir, reconnaître le bien, le bon, le beau ; apprécier et dire merci. Tentez donc l'expérience au cours de votre prochaine réunion. Encore une fois vous toucherez à plus de tranquillité intérieure.

Les eaux limpides

Je vous félicite d'avoir osé ralentir, le temps de lire ce livre. Dans un monde de vitesse comme le nôtre, c'est exigeant.

Maintenant, j'aimerais que vous puissiez déposer sur papier ce que ces trois voies de tranquillité (le courage, l'humilité et l'amour) proposées vous ont apporté :

- les prises de conscience que vous avez faites ;
- la rencontre de votre singularité, soit toutes ces caractéristiques qui vous rendent unique ;
- la rencontre de votre condition d'être humain et de votre potentiel d'amour.

J'espère que ce temps d'arrêt aura contribué à réduire l'écart entre :
- ce que vous êtes et ce que vous voudriez être ;
- ce que vous faites et ce que vous voudriez faire ;
- ce qui est et ce que vous souhaiteriez qui soit.

Réduire ces écarts est le premier élément essentiel à votre tranquillité. Il permet d'habiter l'instant présent autrement et transforme votre relation au temps. Il vous amène à goûter votre métier ou profession plutôt que chercher à changer d'entreprise ou de projet. Il vous incite à sortir de ce sentiment de manque qui vous amène à remplir votre vie d'un tas de choses qui, finalement, vous importent peu, pour alors vous mener à éprouver un sentiment d'abondance et d'éternité. Si vous accueillez bien votre talent, vous n'êtes pas en train de suivre mille et une formations pour tenter de combler vos faiblesses.

Je souhaite de tout mon cœur qu'après cette lecture se dépose en vous la pensée suivante : **tout est bien.**

Quand je suis ce que je suis, à faire ce que je dois faire en accueillant ce qui est, **tout est tellement bien.**

La seconde source de tranquillité nous vient quand nous sortons des dualismes insolubles. Ainsi, ce n'est pas l'humain *ou* les profits, mais bien l'humain *et* les profits. La contemplation *et* l'action. Le corps *et* l'esprit. La tête *et* le cœur. Les cartésiens *et* les intuitifs.

———

Quel bonheur ! Les deux pieds dans une mer d'eau douce, sous un soleil de plomb. Nous sommes dans le grand lac Saint-Jean. Du sable, des vagues, de l'eau à perte de vue, mais de l'eau douce…

Pas d'yeux qui piquent. Pas de sel dans le nez. Pas de méduses.

C'est jour de canicule, et nous sommes venus passer la journée à la plage du camping de Saint-Gédéon, avec mon meilleur ami, Éric, et nos familles. Gravitent autour de moi mes filleules, en costume de bain rose, et mes trois gars, avec leurs éternelles casquettes… même dans l'eau !

On est tellement bien !

On se lance le frisbee. On trace des chemins dans le sable. On enfile les Mr. Freeze. On fait des concours de matelas pneumatiques. Deux par deux, assis face à face, c'est à qui restera le plus longtemps sans tomber dans le lac.

La vie est douce. On est tellement bien ensemble, autant quand on rit que lorsqu'on garde le silence.

À mon tour de monter sur le matelas avec Samuel, mon plus vieux. Le jeu commence. Règle numéro un : on ne peut pousser l'autre. Simplement bouger le matelas dans le but de le déstabiliser.

J'exagère tellement le mouvement que je me suis presque renversé moi-même ! On rit… On prend des bouillons… Les enfants encouragent Samuel, tandis qu'Éric est mon seul supporteur. Mais, tout à coup, je sens le bracelet de ma montre se détacher de mon poignet. Je n'arrive pas à le retenir. Tout se passe tellement vite. Personne n'a rien remarqué. Tout le monde continue à chahuter. Samuel redouble d'ardeur pour me faire tomber à l'eau… Je m'apprête à paniquer. Mais, inspiré par le calme du paysage et grâce à mon bonheur intérieur, je prends plutôt une grande respiration. Je demande à mon Samuel de cesser de bouger pendant quelques instants. Je lui explique la situation doucement. Nous nous immobilisons, le temps que l'eau se calme, que le sable se redépose au fond, que le lac redevienne transparent. En moins de deux minutes, ma montre apparaît, juste à gauche du matelas.

Je me penche doucement pour ramasser la montre gravée que mon père m'a offerte. Après être allé la déposer dans la boîte à gants de la voiture, pour éviter que la situation ne se reproduise, je retourne jouer dans l'eau tout l'après-midi. Et nous terminons cette merveilleuse journée tous ensemble, très tard, autour d'un feu sur la grève, en mangeant nos traditionnelles guimauves et nos saucisses cocktail.

Tout est tellement bien.

Je suis tranquille.

Imprimé sur Rolland Enviro110, contenant
100% de fibres recyclées postconsommation,
certifié Éco-Logo, Procédé sans chlore, FSC
Recyclé et fabriqué à partir d'énergie biogaz.